BOOK REBELS
75 HELDINNEN
aus der Literatur

Eine wie Alaska

John Green

Alaska Young ist ein Mysterium. Nicht nur für Miles, der neu auf ihrem Internat ist und seit ihrer ersten Begegnung an ihr klebt, obwohl sie einen Freund hat, sondern auch für alle anderen. Es gibt Momente, da lacht sie mit ihren Freund*innen, heckt Streiche aus, feiert Partys und sorgt sich um ihre Noten – und dann wiederum gibt es Augenblicke, in denen sie von einer tiefen Traurigkeit heimgesucht wird, über die sie mit niemandem spricht. Diese Momente verfliegen ebenso schnell wieder, wie sie kommen.

Alaska hat ihre eigene Vorstellung davon, wie die Welt funktioniert, und ist vielleicht genau die Art Rebell*in, die wir alle sein wollen: In ihrem Zimmer stapeln sich Bücher, die sie jeden Sommer auf Flohmärkten kauft (sie nennt das die »Bibliothek ihres Lebens«), und zu ihrem siebten Geburtstag durfte sie sich ihren Namen selbst aussuchen. Sie flirtet sich durch die Welt, wird von allen Jungs auf der Schule angehimmelt und ist auch noch gut in Mathe. Mit strahlend grünen Augen und einem hinreißenden Lachen ist sie nicht wie die anderen. Und während ihre Mitschüler*innen schlafen, liegt sie im Mondschein auf einer Wiese am See und liest Gedichte.

In der Bibliothek ihres Lebens liest sie immer wieder von einem Labyrinth, aus dem ein Mensch während seines Lebens zu entkommen versucht. Alaska hat sich darin verlaufen. Vielleicht würde ihr Leben perfekt wirken – wäre da nicht dieses Geheimnis tief in ihr, dem ihre Freund*innen nur langsam auf die Spur kommen.

Casjen Griesel

Verdammt, ich will keine von denen sein, die auf der Couch hocken und immer nur davon reden, was sie mal Großes tun wollen. Ich will es tun.

Alice im Wunderland

Lewis Carroll

Hinab, hinab, hinab fällt die siebenjährige Alice den Kaninchenbau hinunter. Gefolgt ist sie dem eilenden weißen Kaninchen, das eines Tages in ihrem Garten erschienen ist.

Auf dem Boden der Tatsachen angekommen, findet sie sich in einem Raum voller Türen wieder, die sie schnurstracks in ein verrücktes Land voller Verrücktheiten führen:

das Wunderland.

Aufgewachsen in einer reichen englischen Familie, weiß sie ganz genau, wie sie sich zu benehmen hat, doch im Wunderland wird ihr ganzes Wissen auf den Kopf gestellt.

Für einen Moment weiß sie nicht einmal, ob sie noch sie selbst ist.

Trotzdem schreitet sie tapfer durch diese fantastische Welt, begegnet sprechenden Tieren, Hutmacher und Grinsekatze, lauscht seltsamen Erzählungen und kostet Essen und Getränke, die sie schrumpfen und wieder wachsen lassen.

Alice hat ein offenes Ohr für die Bewohner des Wunderlands, versucht, ihre Eigenarten zu verstehen, und ist dabei immer darauf bedacht, höflich zu sein. Trotzdem ist sie auch mutig genug, Dinge infrage zu stellen und sich gegen die Gesetze des Wunderlands aufzulehnen.

In einer unlogischen Umgebung hält sie stets an der Logik fest und stellt sich sogar der temperamentvollen Herzkönigin entgegen, die jedem den Kopf abschlagen lässt, der sich ihrer Meinung nach falsch verhält.

Zurück zu Hause hat die kleine Alice noch nicht genug von diesen aberwitzigen Abenteuern, aber hinter den Spiegeln wartet bereits eine neue Welt, die von ihr entdeckt werden möchte.

Jasmin Steffen

»Nein, Nein!«, sagte die Königin, »zuerst die Strafe,
dann das Urteil!« – »Schluss mit dem Gefasel!«,
sagte Alice laut. »Zuerst die Strafe, wo gibt's denn so was!«

BOOK REBELS

75 HELDINNEN aus der Literatur

Illustriert von
Felicitas Horstschäfer

Herausgegeben von
Annette Pehnt

Carl Hanser Verlag

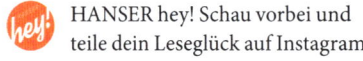
1. Auflage 2021

ISBN 978-3-446-27132-6
© 2021 Carl Hanser Verlag GmbH & Co. KG, München
Umschlag- und Layoutgestaltung sowie Satz: Felicitas Horstschäfer
Druck und Bindung: Livonia | Printed in Latvia

Inhalt

Vorwort

Wie fühlt es sich für euch an, in Geschichten einzutauchen? Kribbelt es dabei in eurem Bauch? Jede und jeder von uns nimmt die Bilder, die beim Lesen im Kopf entstehen, in einzigartigen Farben wahr, fiebert mit unterschiedlichen Figuren mit. Vielleicht gehen den einen Zeilen nicht mehr aus dem Sinn, die die anderen fast übersprungen haben. Und allen bleiben verschiedene Figuren im Kopf. Dieses Buch ist unsere Sammlung literarischer Heldinnen, die uns begeistern und motivieren: In Büchern gibt es so viele Mädchen- und Frauenfiguren, die wir bewundern, die uns geprägt haben, die uns anspornen und aus den Seiten heraus Mut zurufen, um uns beim Heranwachsen und im Alltag zur Seite zu stehen.

Wir möchten euch Persönlichkeiten näherbringen, die uns berühren, uns zum Schmunzeln, Kopfschütteln, Lachen und Schluchzen bringen. Wir haben unsere ganz persönlichen Abenteuer mit ihnen erlebt und wollen euch diese Rebellinnen vorstellen, in der Hoffnung, dass sie aus diesen Seiten auch in eure Köpfe klettern, um euch darin zu bestärken, immer ihr selbst zu sein.

Zu Beginn dieses Buchprojekts haben wir uns die Frage gestellt: Was macht ein Mädchen, eine Frau zur Rebellin?

Aus vielen Geschichten sind uns die jungen starken Burschen bekannt, die Abenteuer erleben dürfen, die Prinzessinnen retten und ganz langsam auf die Kamera zulaufen, während hinter ihnen alles in Flammen aufgeht. Doch unsere Rebellinnen brauchen keinen Prinzen, der sie auf sein Pferd setzt, um mit ihm ins Traumland zu reiten. Sie entscheiden selbst, wohin sie wollen, und verfolgen ihre eigenen Ziele. Und während ihrer Abenteuer zeigen sie, dass Stärke verschiedenste Formen annehmen kann. Wir können alle stolz sein, wie Mädchen zu kämpfen!

Dieses Buch ist ein Buch über starke Personen, und es ist ein Buch über alle: über Mädchen und Frauen, die gegen Eltern, gegen Ungerechtigkeit oder gegen eigene Zweifel rebellieren; über Charaktere, die zwischen den Geschlechtern leben; und über Mädchen, die nicht immer als Mädchen wahrgenommen werden, denn: Jeder Körper kann der Körper eines Mädchens sein. Es ist ein Buch über die stillen Rebellionen genauso wie die lauten. Wir versuchen, in diesen Porträts von all den Möglichkeiten zu erzählen, die Mädchen und Frauen haben, sie selbst zu sein oder zu werden.

Viele der Rebellinnen in diesem Buch sind Heldinnen unserer Kindheit, aber manche waren auch uns vor der Suche völlig unbekannt! Jedes Porträt ist eine Überraschung und wurde von einer oder einem von uns verfasst. Wer wir eigentlich sind? Wir sind Studierende auf einem Kulturcampus in Hildesheim, der aussieht wie eine alte Burg (wirklich!). An diesem magischen Ort haben wir uns dem Buchprojekt mit großer Freude gewidmet.

Zu jedem Porträt gehört eine Illustration, die uns genauso viel über die starken Mädchen und Frauen und ihre Rebellionen erzählt wie die Texte selbst. Sie haucht den Figuren auf ganz eigene Weise Leben ein, sodass man ihre Geschichten nicht nur lesen und hören, sondern auch sehen kann. Die Arbeit ganz vieler Menschen kommt in diesem Buch zusammen; eine ganze Menschenmenge steht hier also auf dem Papier und winkt euch zu, während ihr lest.

Dieses Buch ist unser Lesetipp an euch. Wer es liest, bekommt einen Einblick in viele unterschiedliche Welten und hört verschiedenste Stimmen. Ihr könnt euch aussuchen, welcher Stimme ihr folgen möchtet. Wir wünschen euch viel Spaß beim Lesen und Entdecken!

Die Autorinnen und Autoren

2012

Letztendlich sind wir dem Universum egal

David Levithan

Jeden Morgen erst mal abfragen, wer man ist. Nicht wo, sondern wer. Das ist der Alltag von A: Körper wechseln jeden Tag. Immerhin kann A auf die Gedanken der Person zugreifen, in deren Körper A sich wiederfindet. So kämpft A nicht nur mit der eigenen Identitätskrise, sondern auch mit den Problemen anderer Jugendlicher. A ist nur einmal im Leben dieselbe Person. Außer A hat niemand diese Besonderheit.

Ständiges Anpassen: neuer Körper, neue Biografie, neue Gefühle – aber was, wenn diese plötzlich bleiben?

Sehnlichst wünscht A sich, jemanden zu treffen, dem es genauso geht. A glaubt an die Liebe, daran, mal jemanden länger als einen Tag kennenlernen zu dürfen. Eine Beziehung zu jemandem aufbauen zu können, eine Zuwendungsperson zu bekommen.

Aber wie soll man jemandem verklickern, dass man jeden Tag im Körper einer anderen Person stecken wird?

Der einzige Weg scheint ein E-Mail-Account zu sein, in dem ein Stück von As Leben aufbewahrt ist. Damit bricht A die wichtigste Regel: bloß keine Spuren zu hinterlassen. Doch wie soll man der Person, die man liebt, einen Hinweis geben, wer man gerade ist? Und was ist, wenn es notwendig oder gar unvermeidbar ist, Spuren zu hinterlassen, um andere zu retten?

Das alles sind Fragen, mit denen A sich auseinandersetzen muss; nicht festgelegt auf ein Geschlecht und ein bestimmtes Aussehen, von Geburt an ohne Bezugsperson, ohne festen Anker im Leben. Außer sich selbst.

Meret Buchholz

Ich sterbe vor Neugier, wer du als Nächstes bist.

1812

Allerleirauh

Brüder Grimm

Es war einmal in alter Zeit, als das Wort von Königen noch mehr Macht hatte, da lebte eine Prinzessin.

Die war nicht nur wunderschön, sondern auch klug und freundlich.

Sie hatte alles, was man sich wünschen könnte – bis eines Tages ihr Vater auf eine verrückte Idee kam: Er wollte seine eigene Tochter heiraten.

Auf ihrem Sterbebett hatte seine Frau ihn nämlich versprechen lassen, er würde nur eine ebenso schöne Frau heiraten, wie die Königin es selbst gewesen war. Und so schön war nur die Prinzessin. Der König war so verblendet, er erkannte gar nicht, was für eine Untat er da vorhatte.

Also versuchte es die Prinzessin vorerst mit einer List: Sie stellte ihrem Vater eine scheinbar unlösbare Aufgabe, bevor sie seine Gemahlin werden wollte.

Aber ihr Vater war der König und konnte alles beschaffen, was seine Tochter verlangte. Da fasste sie einen mutigen Entschluss: Sie verkleidete sich als armes, schmutziges Geschöpf, lief davon und nahm in einem anderen Königreich eine niedrige Arbeit in der Schlossküche an. Das war anstrengend und hart, aber Allerleirauh, wie sie nun genannt wurde, wollte lieber für den Rest ihres Lebens in Sack und Asche gehüllt sein, als sich dem König zu beugen.

Dank ihrer Klugheit, Bescheidenheit und Schönheit gelang es ihr, den Prinzen des Landes auf sich aufmerksam zu machen. Sie fand ihre wahre Liebe und konnte sich sogar mit ihrem Vater aussöhnen. So schaffte es Allerleirauh, mit Mut und Entschlusskraft ihren Weg zu gehen und glücklich zu werden.

Sancia Fischbein

Als nun die Königstochter sah,
dass keine Hoffnung war, ihres Vaters Herz umzuwenden,
so fasste sie den Entschluss zu entfliehen.

1957

Der rote Seidenschal

Federica de Cesco

Niemals hätte Ann gedacht, dass ihr langweiliges, streng überwachtes Leben eine so abrupte Wendung nehmen könnte. Es beginnt alles mit einem roten Seidenschal, wegen dem sie irgendwo in Arizona aus dem Zug springt, um ihn seiner Besitzerin zurückzugeben. Plötzlich steht sie allein in einer fremden Stadt – und fühlt sich frei. Weit weg von ihrer strengen Tante lernt sie Chee kennen. Als Sohn eines Weißen und einer Ureinwohnerin ist er, genau wie Ann, nirgends richtig zu Hause. Ann überredet ihn, sie mit zu seinem Stamm zu nehmen.

Auf ihrer Reise zwischen den zwei Welten, Chees und ihrer eigenen, gerät sie oft mit den amerikanischen Soldaten aneinander. Doch für diejenigen, die sie ins Herz geschlossen hat, geht sie jedes Risiko ein.

Letztendlich muss sie ihre neu gewonnene Freiheit aber aufgeben und zu ihrer Tante zurückkehren. Daraufhin steckt diese sie in ein Internat, aus dem Ann zwei Jahre später verschwindet. Sie rettet die Ureinwohner*innen vor einem Hinterhalt, und bald darauf findet sie auch Chee wieder.

Wenn die beiden zusammen sind, spüren sie das Leben und stolpern von einem Abenteuer ins nächste. Nicht selten geraten sie dabei in gefährliche Situationen, von denen der Wilde Westen genügend bereithält. Doch mit List und Tücke befreien sie sich noch aus jeder brenzligen Lage. Ann glaubt an Chee und daran, dass sie nicht nach den Vorstellungen der Gesellschaft ihrer Zeit leben muss.

Jennifer Bergmann

Mein Leben gehört mir, und ich kann damit machen, was ich will!

ANNA

BERLIN → ZÜRICH

Als Hitler das rosa Kaninchen stahl

Judith Kerr

ch glaube, es könnte mir ganz gut gefallen, ein Flüchtling zu sein«, sagt die neunjährige Anna und freundet sich mit dem Gedanken an, fortan kein festes Zuhause zu haben. Unfreiwillig muss sie mit ihrer Familie Berlin verlassen, denn ihre jüdische Herkunft zwingt sie, als Hitler 1933 an die Macht kommt, aus Deutschland zu fliehen.

Und so beginnt ihre jahrelange Reise, zuerst in die Schweiz, dann nach Frankreich und schließlich nach England – durch neue Sprachen, andere Kulturen und fremdartige Bräuche. Es gibt viele Dinge, die sie nicht versteht. Von einer ganzen Horde Jungs verfolgt und mit Gegenständen beworfen zu werden, ist in der Schweiz zum Beispiel eine Liebeserklärung. Und was ist dieses Kopfgeld, das auf ihren Vater ausgesetzt ist? Sie träumt von Tausenden Münzen, die auf seinen Kopf regnen und ihn unter sich begraben. Immer wieder hört sie Geschichten von Hitler, die ihr nachts keine Ruhe lassen.

Doch Anna lässt sich nicht unterkriegen und lernt, stark und mutig zu sein. Sei es, weil es den Nachbarskindern verboten ist, mit ihr zu spielen. Oder wenn sie ihren Papa nachts schreien hört, weil er schreckliche Albträume hat. In den ersten Wochen auf der französischen Schule versteht sie kein einziges Wort, und doch macht es ihr nichts aus, so anders zu sein. Denn eins hat sie auf all ihren Reisen immer bei sich: ihre Familie. »Es ist mir wirklich ganz gleich, wo wir sind«, sagt sie, »solange wir nur zusammen sind.«

Juliana Brandis

Glaubst du, dass wir jemals irgendwo richtig hingehören werden?

2004

Beim Leben meiner Schwester

Jodi Picoult

Annas Lebensgeschichte beginnt mit einer schweren Entscheidung ihrer Eltern. Die einzige Möglichkeit, Annas große Schwester von einer unheilbaren Krankheit zu heilen, ist es, ein Kind zu bekommen, das seine gesunden Zellen spenden und die Lebenserwartung der Schwester verlängern kann. Als jüngstes von drei Kindern wird Anna in eine Welt geboren, in der sie von Anfang an stark sein muss.

Bis zu ihrem 13. Geburtstag muss sie unzählige Operationen über sich ergehen lassen, die notwendig sind, um ihrer kranken Schwester Kate zu helfen. Ihr ganzes Leben ist Anna tapfer gewesen und hat anstandslos alles getan, was von ihr verlangt wurde. Nie hat sie sich beschwert. Doch jetzt, in einer Zeit, in der Anna langsam in die Pubertät kommt und ihr Leben mehr und mehr hinterfragt, merkt sie, wie aufopfernd sie sich bisher dieser Aufgabe gestellt hat. Und wie ungerecht das alles doch ist. Wieso muss sie das machen? Wieso muss sie so viele Schmerzen durchleben? Sie ist doch auch ein Mensch und kein Ersatzteillager!

Bei Anna staut sich die Wut auf. Sie hat genug. Deswegen sucht sie sich einen Anwalt, der ihr hilft, ihren Willen durchzusetzen und nie wieder für ihre Schwester operiert werden zu müssen. Als Kates Nieren versagen und Anna erneut vor einer großen Operation steht, geht sie vor Gericht. Sie stellt sich im Namen der Gerechtigkeit mutig gegen ihre Familie und kämpft dafür, zukünftig selbst über ihren Körper bestimmen zu dürfen.

Charlotte Busch

Wenn einem das Leben eines anderen wichtiger ist als das eigene ... ist das Liebe?

Anne auf Green Gables

Lucy Maud Montgomery

Mit elf Jahren kommt die Waise Anne Shirley auf die Farm Green Gables in Avonlea, Kanada, als sie von Marilla und Matthew Cuthbert adoptiert wird. Die alternden Geschwister hatten eigentlich einen Jungen gewollt, der auf der Farm helfen kann, aber das Mädchen mit den roten Haaren wirbelt sich schnell in ihre Herzen. Anne redet für ihr Leben gern, stellt unzählige Fragen, und Träumen bringt ihr genauso viel Freude wie das Leben selbst. Für alles erfindet sie neue, sprechende Namen: Der blühende Baum vor ihrem Fenster heißt »Schneekönigin«, der Weiher der Nachbarn ist für sie der »See der glitzernden Wasser«; im Birkenhain baut sie sich eine eigene verwunschene Spielwelt. Sie schreckt vor nichts zurück, auch nicht davor, als Mutprobe auf den Dachfirst zu klettern. Anne ist wissbegierig und lernt gern.

Es macht ihr viel Spaß, sich zu messen: Wer bekommt bessere Noten, sie oder ihr Klassenkamerad Gilbert Blythe? Sie ist oft ehrlicher, als es anderen lieb ist. Das hindert sie aber nicht daran, zu sagen, was sie denkt und empfindet. Sie scheut es nicht, sich zu wehren, weder als eine Freundin von Marilla sie kränkt, noch als Gilbert sie aufzieht. Genauso mutig ist sie, wenn es um andere geht. Wenn jemand Hilfe braucht, ist Anne sofort zur Stelle. Als sie und ihre Busenfreundin Diana deren Tante Josephine aus Versehen erschrecken, nimmt Anne die Schuld auf sich, um Diana zu schützen – und kann sich sogar mit Josephine anfreunden! Ihre Lebensfreude steckt schon bald ganz Avonlea an.

Elisabeth Johanna Lehmann

Wie soll man Dinge herausfinden, wenn man keine Fragen stellt?

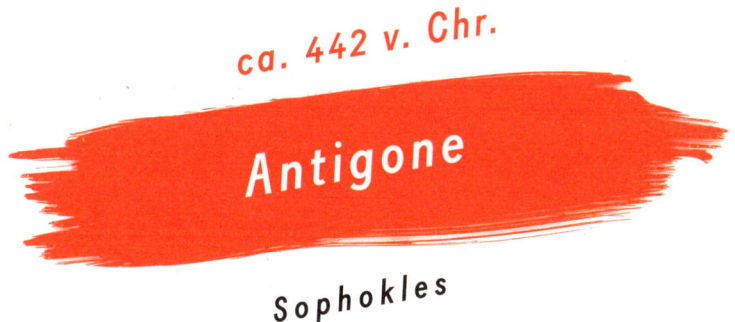

ca. 442 v. Chr.

Antigone

Sophokles

Im alten Griechenland gab es eine Stadt mit sieben Toren. In ihr lebte eine von großem Unglück gezeichnete Familie: Der Sohn hatte seinen Vater umgebracht und danach seine eigene Mutter geheiratet. Die Söhne der beiden wiederum stritten um den Thron und brachten sich dabei gegenseitig um. Der eine galt als Held und wurde würdig begraben, der andere nicht. Die Schwester, ihr Name war Antigone, war darüber sehr wütend und beerdigte ihn gegen den Willen ihres Onkels, der der König der Stadt war. Dabei wurde sie ertappt, zu ihrem Onkel gezerrt und zur Rede gestellt. Auf die Frage, ob sie sich bewusst sei, dass das, was sie getan hatte, verboten ist, antwortete sie entschlossen und furchtlos mit einem schlichten »Ja«.

Warum sie es trotzdem getan hatte? Weil sie sich nicht von einem mächtigen Mann einschüchtern ließ. Sie fand, jeder solle ehrenvoll begraben werden, egal, woran er glaubte. Daraufhin wurde sie vom König zum Tode verurteilt. Der Sohn des Königs, der Antigone liebte, stellte sich hinter ihre mutige Entscheidung und kündigte an, sich umzubringen, wenn seine Geliebte wirklich hingerichtet würde. Der starrsinnige König wich nicht von seinem Urteil ab.

Antigone wurde bei lebendigem Leibe eingemauert, und der Königssohn hielt sein Versprechen und erstach sich selbst. Zurück blieb am Ende nur der König. Er wurde seines Lebens niemals mehr glücklich.

Antigones Mut, ihre Unerschrockenheit und Unbeirrbarkeit veränderten die Welt dieser Stadt mit den sieben Toren für immer.

Benedikt Stamm

**Denn erleiden werd ich nie so Schlimmes,
dass nicht ehrenvoll mein Tod!**

2012–2018

Throne of Glass

Sarah J. Maas

Der König von Adarlan hat ganz Erilea den Krieg erklärt, und seit die Magie verschwunden ist, hat er ein leichtes Spiel. Mitten in diesem Krieg richtet er einen Wettkampf um einen Posten als Champion aus. Dieser Champion muss sechs Jahre dem König dienen und bekommt danach die Freiheit geschenkt. Celaena Sardothien ist im Todeslager gefangen und zögert nicht, als ihr das Angebot zur Teilnahme unterbreitet wird. Sie wollen sich mit ihr, der Königin der Unterwelt, anlegen? Nur zu, Celaena hat nicht den Hauch eines Zweifels, dass sie als Siegerin hervorgehen wird.

Die nahezu unschlagbare Kämpferin zieht also in das Schloss des Königs von Adarlan ein, um zu trainieren und gegen die anderen Champions anzutreten. Hinter ihrer unbekümmerten, manchmal egoistischen Art versteckt sich eine loyale junge Frau mit einem strengen moralischen Kompass. Verliert Celaena den Wettkampf, muss sie zurück ins Arbeitslager. Dennoch entscheidet sie sich bei einer Aufgabe dafür, ihrem Trainingspartner das Leben zu retten und damit ihren Sieg zu riskieren.

Anfangs genießt sie das Leben im goldenen Käfig. Sie kauft sich so viele Kleider, wie sie will, verschlingt unzählige Bücher aus der königlichen Bibliothek, isst eine Menge Schokoladenkuchen und tut, was man ihr sagt. So scheint es. Doch Celaena hat noch mehr Geheimnisse. Sie hat das Potenzial, den bösen König von Adarlan zu stürzen. Die Götter haben Pläne für die junge Frau, die in Wahrheit jemand ganz anderes ist, als sie vorgibt.

Marsha Laila Tute

Mein Name ist Celaena Sardothien.
Aber es macht keinen Unterschied, ob ich Celaena, Lillian oder
Miststück heiße, denn ich würde dich immer besiegen.
Egal, wie du mich nennst.

1982

Die Farbe Lila

Alice Walker

Alle sagen Celie: Du kannst nix. Ihr Pa sagt das, und der Mann, an den sie verheiratet wird, obwohl sie nicht will. Beide denken, dass sie mit Celie und ihrem Körper machen können, was immer sie wollen.

Alle sagen zu Celie: Du hast nicht dieselben Rechte wie wir – weil du Schwarz bist, eine Frau bist, arm bist. Lange glaubt Celie ihnen, und auch, dass sie nichts machen kann, außer alles auszuhalten. Manches ist so schlimm, dass es unmöglich scheint, darüber zu sprechen. Also schreibt Celie Briefe an Gott.

Aber es gibt auch Frauen, die anders zu Celie sind und ihr Mut machen. Ihre Schwester hat sie immer geliebt und unterstützt. Oder Sofia, die weiß, was sie will, und dafür einsteht. Sofia sagt, es ist Quatsch, dass Männer so und Frauen so sein müssen. Und Quatsch, dass sie dürfen, was sie dürfen, nur weil sie Männer oder Frauen, Schwarz oder *weiß* sind.

Und da ist Shug. Sie ist unabhängig und eigenständig. Als Celie sie kennenlernt, ist sie sehr krank. Celie kümmert sich um sie, obwohl Shug am Anfang gemein zu ihr ist. Langsam entwickelt sich Liebe zwischen den beiden. Shug zeigt Celie, dass sie sich für ihren Körper nicht schämen muss, und wie schön es sein kann, sich anzufassen, wenn beide dazu Ja sagen.

Durch diese Beziehungen kann Celie anfangen, sich anders zu sehen. Sie lernt, was sie sehr wohl kann: die besten Hosen nähen und ganz alleine klarkommen. Lieben und geliebt werden. Eigenständig denken. Für andere da sein und sie verstehen. Und nie die Hoffnung aufgeben, natürlich.

Alexa Dietrich

**Wenn du weißt, dass dein Herz betrübt is, sag ich,
dann isses doch gar nich so verdorben, wie du glaubst.**

Coraline

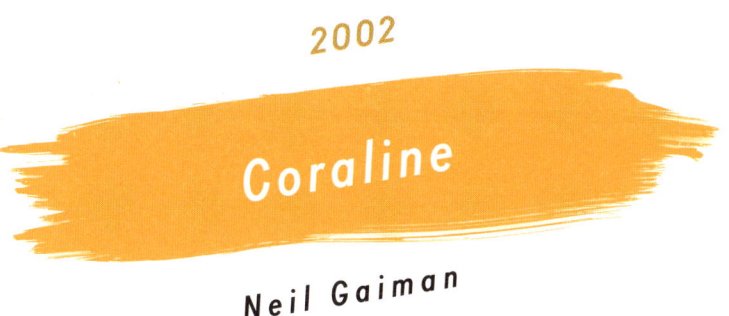

2002

Coraline

Neil Gaiman

In der neuen Wohnung, in die Coraline Jones mit ihren Eltern gezogen ist, gibt es eine kleine Tür. Sie ist zugemauert, seit das Haus in Wohnungen aufgeteilt wurde. Coraline mag es hier nicht: Die Nachbar*innen sind komisch, und ihre Eltern arbeiten immer. Eines Nachts steht die kleine Tür offen, und zugemauert ist sie plötzlich auch nicht mehr. Coraline geht hindurch. Dahinter findet sie eine Wohnung, die aussieht wie ihre eigene, aber nur fast: Die Eltern dort sind nicht ihre echten Eltern. Sie nennen sich ihre »Anderen Eltern« und haben statt Augen Knöpfe im Gesicht. Die Nachbar*innen hier sind nett und lustig, und Coraline bekommt von ihren Anderen Eltern alles, was sie sich wünscht: Leckeres Essen, schöne Kleidung, und sie verbringen Zeit mit ihr! Die Andere Mutter sagt, Coraline kann bleiben, wenn sie sich Knöpfe in die Augen nähen lässt – das tue auch gar nicht weh. Coraline traut ihr nicht und kehrt lieber in ihr echtes Zuhause zurück. Doch ihre Eltern sind verschwunden – die Andere Mutter hat sie gestohlen!

Coraline nimmt all ihren Mut zusammen und geht zurück, um sie zu retten. Sie trifft drei Geisterkinder, die auch von der Anderen Mutter entführt worden sind und ihr verraten, dass die Andere Mutter gerne spielt. Deswegen schlägt Coraline ein Spiel vor: Wenn sie ihre Eltern und die Seelen der Geisterkinder findet, dürfen sie alle gehen. Schafft sie das nicht, bleibt sie – und lässt sich Knöpfe annähen. Coraline beweist ihren ganzen Mut und stellt sich ihrer Angst.

Elisabeth Johanna Lehmann

»Weil«, sagte sie, »wenn man Angst hat,
es aber trotzdem tut, das ist mutig.«

1957

Die kleine Hexe

Otfried Preußler

Mitten in einem tiefen Wald steht ein Hexenhaus mit windschiefem Dach und klapprigen Fensterläden. Dort wohnt die kleine Hexe zusammen mit dem sprechenden Raben Abraxas. Sie wünscht sich nichts mehr, als mit den anderen Hexen in der Walpurgisnacht auf dem Blocksberg zu tanzen. Allerdings ist sie noch sehr jung, genauer gesagt erst 127 Jahre, und darf eigentlich noch nicht zur Walpurgisnacht gehen. Das hält die kleine Hexe aber nicht davon ab, sich trotzdem auf den Blocksberg zu schleichen. Als sie erwischt wird, muss sie versprechen, eine gute Hexe zu werden, dann darf sie im nächsten Jahr auch um das große Feuer tanzen. Also übt sie jeden Tag das Hexen (außer freitags, da ist nämlich Hex-Verbot) und versucht, Gutes zu tun. Letzteres fällt ihr gar nicht schwer, weil sie anderen gern hilft: Sie hext Wind, damit die Frauen im Wald herabfallendes Holz sammeln können und im Winter nicht frieren müssen. Sie verhext einen Schneemann, der die bösen Kinder verprügelt, weil sie die Jüngeren geärgert haben. Und sie hilft Thomas und Vroni, den Ochsen Korbinian vor dem Schlachter zu retten.

Doch die anderen Hexen sind gar nicht begeistert! Die Oberhexe sagt: Nur eine Hexe, die Böses tut, ist eine gute Hexe! Die kleine Hexe aber hat ihr Herz am rechten Fleck, sie möchte lieber gute Dinge tun, als so zu sein wie die anderen Hexen. Deshalb will sie sich dafür rächen, dass die anderen so gemein zu ihr und den Menschen sind: Niemand soll mehr Böses hexen, und niemand außer der kleinen Hexe soll auf dem Blocksberg tanzen.

Katrin Griebenow

Heia Walpurgisnacht!

1932

Das kunstseidene Mädchen

Irmgard Keun

Doris will ein Glanz werden. Wer ein Glanz ist, ist selbst ganz oben und muss sich nie nach anderen richten. Wer ein Glanz ist, erhält einen Freifahrtschein, um so sein zu können, wie man will. Wer den Glanz hat, trägt jeden Tag Handschuhe aus Samt, badet in Milch und wird von allen gemocht.

Nachdem Doris aus einer kleinen Stadt nach Berlin gezogen ist, verlässt sie sich fortan auf die Großzügigkeit flüchtiger Bekannter. Einen Beruf gelernt hat sie nicht, aber wie ihr Gegenüber tickt, das weiß sie in Sekundenschnelle. Dem Arthur muss sie nur was ins Ohr säuseln, vorm Conrad hell lachen und dem Alexander Honig ums Maul schmieren. Am Ende springen immer ein paar Ketten oder Ringe heraus. Sie trägt Schmuck aus Plastik, greift in ihre Trickkiste und lügt, bis sich die Balken biegen. Wie immer sitzt Doris im roten Kleid im Café, isst Nusstorte und träumt von einem Leben im Luxus. Sie will auch zu diesen Leuten gehören, aber diese Leute haben für sie nichts übrig. Da hilft auch keine schicke Kleidung. Mitreden will sie trotzdem. »Wie gerne wäre ich gebildet. Das Übrige kann ich selbst machen mit Schminke«, denkt sie.

Das Berlin der frühen 1930er Jahre ist ein grauer Ort. Den Glanz muss man lange suchen. Man findet ihn nie in den harten Augen der Arbeitslosen. Doris fragt sich, ob man damit geboren werden muss. Und als sie auch noch von ihren flüchtigen Bekannten verlassen wird, steht sie mittellos da. Oh! Da fällt ihr auf, dass der Glanz doch eher ein Schein war.

Laura Smail

Ich höre immer auf das Gespräch –
so was interessiert mich immer, man kann nie wissen,
ob man nicht lernt dabei.

1900

Der Zauberer von Oz

Lyman Frank Baum

Kansas ist ein grauer Ort, und trotzdem liebt Dorothy ihr Zuhause, ihre Tante Em und ihren Onkel Henry. Umso schrecklicher ist es für sie, als ein Wirbelsturm das Haus erfasst und sie mitsamt ihrem Hund Toto in das zauberhafte Land namens Oz fegt.

Dort wird sie von Glinda, der Guten Hexe des Südens, freudig in Empfang genommen, denn Dorothys Haus ist auf die Böse Hexe des Ostens gefallen, unter der die Bewohner des Landes bis dahin leiden mussten.

Dorothy wird ab sofort als Heldin gefeiert, doch sie wünscht sich nichts mehr als zurück nach Kansas. Denn egal, wie schön Oz auch ist, für sie ist kein Ort schöner als das eigene Zuhause.

Glinda rät ihr, dem gelben Steinpfad in die Smaragdstadt zu folgen, denn dort lebt der Zauberer von Oz, der sie zurück nach Hause bringen kann.

Mit ihrer fröhlichen Art schließt Dorothy auf ihrem Weg in die Stadt schnell Freundschaften mit einer Vogelscheuche, einem Blechholzfäller und einem feigen Löwen.

Sie kann den dreien nicht nur aus ihren misslichen Lagen helfen, sondern sie auch dazu ermutigen, sie zu begleiten, damit auch ihre Wünsche erfüllt werden können.

Viele Gefahren lauern auf dem Weg der vier – zum Beispiel die Böse Hexe des Westens mit ihren Geflügelten Affen –, doch Dorothy hält mit ihrer Zuversicht die Gruppe zusammen, erinnert sie in schlechten Zeiten an ihre Wünsche und motiviert sie dazu, daran festzuhalten.

So erfährt sie nicht nur die Wahrheit über den Zauberer von Oz, sondern verändert die Leben ihrer Freunde zum Guten.

Jasmin Steffen

Und immer noch sah Tante Em das kleine Mädchen manchmal erstaunt an, weil es überhaupt etwas zum Lachen fand.

1894–1895

Effi Briest

Theodor Fontane

Wenn man weiß, wie gerne Effi ein Kind war auf Hohen-Cremmen, dann kann man sich vorstellen, wie sehr sie sich verstellen muss, um erwachsen zu werden.

Effi sagt, was sie denkt, sie liebt das Spielen, die Natur und schöne Dinge. Sie hat immer die besten Ideen.

Ihren Eltern ist Effi sehr nah, und sie darf immer ganz sie selbst sein; immer – bis sie verheiratet wird. Da ist sie gerade mal 17 Jahre alt und eigentlich immer noch Kind.

Nach ihrer Hochzeit mit Baron Innstetten zieht Effi mit ihm nach Kessin. Weg von zu Hause. Weil man das so macht und weil sie es richtig machen will. Sie gibt sich große Mühe, zufrieden zu sein, aber oft ist ihr neues Leben nur einsam und traurig. Mit den Menschen im Ort kann sie wenig anfangen, der Apotheker ist ihr einziger Freund.

Effi hat Heimweh, nichts ist mehr vergnüglich.

Manchmal, wenn sie alleine zu Hause ist, gruselt sie sich. Aber wenn sie es Innstetten erzählt, winkt er nur ab. »Hab dich nicht so!«, sagt er.

Sie fühlt sich nicht ernst genommen. Nicht wie eine Erwachsene, obwohl sie bald schon ein Kind von Innstetten erwartet. Und trotzdem hält sie ihr neues Leben sehr lange aus, lässt es sich sehr lange gefallen. Weil sie gut erzogen ist und ehrgeizig. Sie quält sich.

Das schlägt auf die Gesundheit, irgendwann. Und natürlich geht es auch nicht ewig gut so. Sie begeht einen großen Fehler, der ihr zum Verhängnis wird – aber sie muss ihn begehen, weil sie ihre Natur nicht immer verstecken kann.

Irgendwann muss sie einfach einmal ausbrechen.

Gwendolyn Krenkel

Wer gerade gewachsen ist, ist für Leichtsinn. Überhaupt, ohne Leichtsinn ist das ganze Leben keinen Schuss Pulver wert.

1813

Stolz und Vorurteil

Jane Austen

Die junge Elizabeth Bennet lebt auf dem Familiengut Longbourn, das mit der Kutsche nicht mehr als zwei Jahrhunderte und eine Tagesreise von London entfernt zu liegen scheint. Ihr Vater möchte seine fünf Töchter so schnell wie möglich gut verheiratet wissen, und so besucht ein reicher Junggeselle nach dem anderen die Familie. Einer von ihnen begegnet Elizabeth besonders schroff und unfreundlich: Mr Darcy ist mit Abstand die rücksichtsloseste Person, der sie je begegnet ist.

Mutig lehnt Elizabeth alle Anträge ab und stellt damit das Leben ihrer Mitmenschen auf den Kopf. Liebe bedeutet für sie mehr als eine Hochzeit, und das Leben bedeutet ihr mehr als nur die Liebe. Sie hat anderes im Sinn, als den Traditionen ihrer Zeit zu folgen: Kein Ansehen, kein Geld und keine Gesellschaft beeindrucken sie so sehr wie wahre Gefühle, denen sie voller Klugheit und Eigensinn folgt. Von jungen Frauen ihres Standes wird erwartet, sich höflich zu verhalten, doch ist Elizabeth alles andere als zurückhaltend. Sie lässt sogar Lady Catherine de Bourgh, eine eitle und mächtige Dame, sprachlos zurück.

Auch für ihre Familie setzt Elizabeth sich ein: Um ihre kranke Schwester zu besuchen, nimmt sie eine beschwerliche Reise auf sich, unter ihren Sohlen eine Menge Matsch und Eigenwille und Gerechtigkeit.

Elizabeth ist aber auch fähig, sich selbst infrage zu stellen, und ändert ihre Meinung gegenüber Mr Darcy. Ihre eigenen Vorurteile hinter sich lassend, findet sie so zu ihren wahren Gefühlen.

Franziska König

Ein Mensch kann stolz sein, ohne eitel zu sein.
Stolz bezieht sich mehr auf unsere Meinung von uns selbst,
Eitelkeit auf das, was andere von uns denken sollen.

1970

Die feuerrote Friederike

Christine Nöstlinger

Karottenrote Stirnfransen, ein paar Strähnen paradeiserrot, und sonst dunkelrot wie Wein. So kann man sich Friederikes Haare vorstellen.

Die anderen Kinder verspotten sie: »Feuer, Feuer! Auf ihrem Kopf brennt's!« Immer wenn die Friederike für sich und ihre Annatante einkaufen geht, lachen die Kinder. Zum Glück hält der farbenblinde Briefträger Bruno zu Friederike. Warum lieben die Kinder rote Bonbons und ihre roten Haare nicht, wundert er sich.

Friederike, die Annatante und die Katerkatze wohnen in einer Wohnung direkt unterm Dach. Die Annatante ist zu alt und zu dick, um rauszugehen. Sie sitzt meistens auf ihrem Sessel, strickt, denkt nach oder liest seit über einem Jahr in einem roten Buch.

In der Schule merkt die Lehrerin zwar, wie die Kinder spotten, hält sich aber an den Rat des Direktors: »Tun Sie so, als sähen und hörten Sie nichts davon.«

Friederikes rote Haare haben Zauberkräfte. Wenn sie murmelt: »rotarotagingingin feierbrenntinottakringkringkring«, glühen die Haare, knisternd stehen sie dann zu allen Seiten. Bei »feierbrenntinwahringbistagselchterharing« kühlen sie wieder ab.

»Du musst die Stirn in Falten legen«, verrät ihr die Annatante eines Tages, »einmal Falten, einmal glatte Stirn. Dann bewegen sich deine Haare, und du fliegst.«

Im Buch der Annatante wird ein Land beschrieben, in dem alles anders ist. Die Friederike will dort hinfliegen! »Ke iner wir da usge lac ht«, steht in Geheimsprache im roten Buch. Sie ist bereit, aufzubrechen.

Esther Spiegel

»Achtung, fertig, los!« Bei »los« legte Friederike die Stirn in Falten. Ihre Haare wurden wie riesige rote Flügel, und schon war sie in der Luft.

Gerda

1844

Die Schneekönigin

Hans Christian Andersen

erda und Kay sind beste Freunde. Sie wohnen in derselben Stadt, in benachbarten Häusern, an deren Wänden sich zwei prächtige Rosenstöcke ranken. Im Sommer verbringen die beiden zusammen viele glückliche Stunden spielend unter den Rosenblüten.

An einem dieser sorglosen Tage fliegt Kay ein seltsamer Splitter ins Auge. Die beiden ahnen nicht, dass der Splitter zu einem teuflischen Spiegel gehört, der alles, was schön und gut ist, ins Gegenteil verkehrt, und alles, was schlecht ist, noch schlimmer erscheinen lässt. Ein Mensch, den solch ein Spiegelsplitter trifft, verändert sich. Kays Herz wird zu einem Eisklumpen, und seine Augen fangen an, nur noch das Schlechte in der Welt zu sehen. Eines Tages, als es Winter wird und die ersten, dicken Schneeflocken fallen, verschwindet er. Die Leute in der Stadt vermuten, der Junge sei im Fluss ertrunken, doch in Wahrheit ist Kay dem Schlitten der Schneekönigin gefolgt. Als es wieder Frühling wird, verlässt Gerda ihr sicheres Zuhause und macht sich auf die Suche nach Kay.

Auf ihrer abenteuerlichen Reise begegnet sie einer alten Zauberin, einem gesprächigen Krähenpaar, einer gefährlichen Räuberbande und zwei weisen Frauen. Sie durchstreift blühende Felder und marmorne Säle, läuft durch dunkle Wälder und reitet auf einem Rentier durch Lappland. Obwohl Gerda viele Kilometer mit knurrendem Magen und wunden Füßen zurücklegen muss, bleibt sie hartnäckig und zweifelt nie daran, ihren besten Freund retten zu können.

Marlen Apel

Meine arme alte Großmutter! Sie sehnt sich gewiss nach mir und grämt sich um mich. Aber ich komme bald wieder nach Hause, und dann bringe ich Kay mit.

Heidis Lehr- und Wanderjahre

Johanna Spyri

Träumst du wieder von Bergen und deinen duftenden Tannen?« Manchmal versteht Klara Sesemann ihre beste Freundin Heidi nicht. Heidi sitzt am Fenster, starrt gedankenverloren in die Wolken und brütet über dem nächsten Abenteuer, das ihnen beiden die Zeit vertreiben soll. Denn wie üblich langweilt sie sich.

Vielleicht liegt es daran, dass Heidi weit weg von Großstadtlärm und strengen Haushälterinnen aufwuchs. Bis sie von den hohen Bergen im Süden nach Frankfurt geschickt wurde, musste sie nie ihre Haare kämmen oder den Teller leer essen. Dafür kann sie am Klang des Windes erkennen, ob ein Unwetter in der Luft liegt. »Der Wind hustet mir was«, lacht sie dann und hält sich die Hand ans Ohr. Tönt es »hu«, bleibt man verschont, pfeift es »hui«, droht Gewitter. Heidi macht die Geräusche nach. Dem strengen Fräulein Rottenmeier ist das ein Dorn im Auge. Mädchen haben ihrer Meinung nach still und gehorsam zu sein. »Wenn das so ist, will ich zurück in die Berge. Denn da hab ich mit dem Ziegenpeter Kirschkernweitspucken gemacht und immer gewonnen!«, entgegnet Heidi. Um ihr die Flausen aus dem Kopf zu treiben, schließt Fräulein Rottenmeier sie zur Strafe in den Keller. Das versteht Heidi nicht. »Gestern hat die Rottenmeier gemeint, dass man nicht lügen darf, und heute bestraft sie mich für die Wahrheit.«

Klara glaubt, dass Heidi etwas weiß, was die Erwachsenen nicht mehr wissen, und dadurch den vielen sinnlosen Regeln der Erwachsenen entwischt, so, als ob sie auf einer Wolke schweben würde.

Laura Smail

Draußen hör ich's in den Tannen sausen und denke:
Jetzt glitzern die Sterne am Himmel, und ich laufe geschwind
und mache die Tür auf an der Hütte und da ist's so schön!

1958

Frühstück bei Tiffany

Truman Capote

Hallo. Ja. Ich habe geklingelt. Ich bin Ihre Nachbarin. Schön, Sie kennenzulernen! Ich habe meinen Schlüssel verloren. Finden Sie? Ich finde, dass das schon geht, es ist mir ja gerade passiert. Dann machen Sie sich das nächste Mal Ohrstöpsel rein, wenn Sie in der Nacht nicht gestört werden wollen. Gute Nacht!

Hier, auf den Stufen im Treppenhaus, kann ich in Ruhe das Geld zählen. Ich gehe abends mit alten Männern aus, die mir Geld geben. Wenn ich Angst bekomme, gehe ich zu Tiffany, weil ich mich dort geschützt fühle. Ich sehe mir die Diamanten an, dann kaufe ich doch nur Milch für den Kater, der keinen Namen hat. Der Kater lebt auch allein, wie ich.

Niemand weiß, wer ich wirklich bin, außer du. Ich sehe dich im Fenster zurückschauen. Meine Spiegelung in der Scheibe und ich im Treppenhaus. Alle sehen mich nur von außen. Ich mich jetzt auch. Eine Kette würde uns stehen. Einen Millionär müssen wir heiraten, um sie zu bezahlen. Wir brauchen einen Millionär. Das schaffen wir, das schaffe ich. Ich werde begehrt. Und doch, ich bin lebendig! Ich kann Ja und Nein sagen. Ich sage Nein und enttäusche Männer. Das darf ich. Ich habe das Recht, Erwartungen an das Leben zu haben. Niemand hat Anspruch auf deine Zeit, deine Aufmerksamkeit, deinen Körper, hörst du, Holly? Vergiss das nicht, wenn dir jemand ein gutes Abendessen zahlt. Du musst nichts erfüllen, du bist da, um zu tun, was du willst.

Schlaf gut. Morgen wirst du da sein, wenn ich ins Bad wanke, und mich ansehen. Bis morgen.

Nicole Collignon

Wenn ich im richtigen Leben mal einen Ort finde, wo ich mich so fühle wie bei Tiffany, dann werde ich Möbel kaufen und dem Kater einen Namen geben.

1885

Der Trotzkopf

Emmy von Rhoden

Stell dir vor, du lebst in einer Welt, in der du nur heiraten und ein fürsorglicher Elternteil werden darfst, und stell dir vor, du wirst dein ganzes Leben nur darauf vorbereitet. Genau das war das Schicksal der Frauen im 19. Jahrhundert. Klingt nicht gerade spannend oder revolutionär, oder?

In dieser Welt muss sich die 15-jährige Ilse zurechtfinden. Doch Ilse hat für die Rolle, die ihr die Gesellschaft geben möchte, nichts übrig. Sie will lieber mithelfen, Heu vom Acker zu holen und Tiere zu füttern; sie möchte lieber im Wald herumtollen, als zu Hause zu sitzen, sich feine Kleider und Schürzen anzuziehen und zu lernen, wie man sich richtig zu verhalten hat.

Ilse lebt mit ihrem Vater, einem Oberamtmann, und ihrer Stiefmutter auf einem großen Gutshof. Ihr Vater erfüllt ihr jeden Wunsch. Die Stiefmutter stellt hingegen vergeblich die Erwartung an sie, sich wie eine Erwachsene zu verhalten und zum Beispiel saubere Schuhe statt dreckiger Stiefel anzuziehen.

So kommt Ilse auf ein Internat für Mädchen. Dort scheint ihr alles viel zu streng und ordentlich.

Im Internat lernt sie ihre neue beste Freundin Nellie kennen. Diese hilft ihr, sich mit den strengen Vorschriften vertraut zu machen und sich diesen auch einige Male heimlich zu widersetzen.

Obwohl sich Ilse schlussendlich mit ihrer Rolle abfindet, lehrt sie mit ihrer trotzigen Art die Erwachsenen, dass es mehr bringt, Einfühlungsvermögen zu zeigen, als immer streng zu sein.

Hannah Körner

Alle Tage muss ich lange Reden hören über Sitte und Anstand, und ich will doch keine Dame sein!

1787

Iphigenie auf Tauris

Johann Wolfgang von Goethe

Iphigenies Leben ist vorbestimmt, denn ihre Familie ist verflucht: Früher oder später wird jedes Familienmitglied einen Mord begehen. Iphigenie soll deshalb von ihrem Vater geopfert werden, doch eine Göttin rettet sie. So kommt Iphigenie schließlich als Priesterin bei den Taurern unter, auf einer Insel weit weg von ihrer Familie. Selbst nach vielen Jahren dort fühlt sie sich fremd, sie sehnt sich nach ihrer Heimat und beklagt ihre Einsamkeit.

Auch der taurische König versucht, über Iphigenie zu bestimmen. Doch sie gibt sich nicht geschlagen, sondern setzt sich für ihre eigenen Ziele ein. Mit ihrem Verstand und ihrer Vernunft widersetzt sie sich dem eitlen und willkürlichen Handeln des Königs. Sie entscheidet sich gegen die Treue zu ihm und für ihre eigene Freiheit. Statt sich, ohne nachzudenken, an die Regeln und Gesetze zu halten, hört Iphigenie auf ihr Herz. Sie setzt ihr Leben aufs Spiel, doch vertraut auf das Gute und Ehrliche im Menschen. Durch dieses mutige Verhalten schafft sie es, den Fluch ihrer Familie zu brechen und die Geschichte zum Guten zu wenden.

Iphigenie wird so zum Vorbild: Sie nimmt das Schicksal selbst in die Hand und lernt, weniger auf andere und mehr auf sich selbst zu hören.

Rebecca Fisch

**Um Guts zu tun,
braucht's keiner Überlegung.**

Tschick

Wolfgang Herrndorf

sa Schmidt ist kein gewöhnliches Mädchen. Der Psychiatrie entflohen, streicht sie alleine durchs Land und versorgt sich selbst. Schlafplatz, Essen suchen. Alles, was dazu gehört. Mutig schlägt sie sich mit allem herum, was in ihr Leben tritt. Mit Menschen, die andere Lebensgeschichten zu erzählen haben, mit blöden Sprüchen und Blicken, mit sich selbst.

Eines Tages trifft sie auf einer Müllhalde zwei Jungen. Maik und Tschick. Die beiden waren auf der Suche nach einem Autoschlauch, um Benzin für ihren Trip zu klauen. Frech und immer mit einem lässigen Spruch auf den Lippen, stellt sich Isa ihnen in den Weg. Die Jungs sind zuerst von ihrem beleidigenden Ton und der verdreckten Haut und Kleidung abgeschreckt, aber als Isa ihnen beim Benzinklau hilft, beginnen sie sich anzufreunden. Maik und Tschick merken, dass Isa gar nicht so doof ist, wie sie dachten. Irgendwann lässt Isa die Jungs dann aber zurück.

Wieder allein irgendwie irgendwo sein, eigenständig, spontan und frei sein, das liebt und lebt sie. Anderen Menschen auf ihrer Reise begegnet sie tolerant und aufgeschlossen, gleichzeitig keck und hartnäckig. Aus sich selbst macht sie ein Geheimnis. Nur ihrem wertvollsten Hab und Gut vertraut sie sich an: ihrem Tagebuch. Fast schon wie ein Elternersatz. Hier fängt sie Fantasieflausen ein: Geschichten, Wünsche und Träume. Ihr größter Traum ist es, Fernsehmoderatorin zu werden. Und daran hält sie fest, auf ihrer Suche nach sich selbst, dem Glück und dem Leben.

Meret Buchholz

**Verrückt sein heißt ja auch nur,
dass man verrückt ist, und nicht bescheuert.**

1847

Jane Eyre

Charlotte Brontë

Jede und jeder von uns hat Träume, Sehnsüchte und Visionen. Einige unter uns erfüllen diese mit ihrer grenzenlosen Leidenschaft.

Liebe Leserin, lieber Leser,

Jane Eyre ist so eine Persönlichkeit.

Ihre Geschichte ereignet sich in einem anderen Jahrhundert.

Schon als kleines Mädchen ist sie temperamentvoll und neugierig. All das wird von ihrer verwitweten Tante und deren Kindern nicht gerne gesehen. Sie bestrafen und demütigen Jane.

Ungeliebt, arm, verwaist, lernt sie schnell, dass sie unter den gegebenen Umständen nicht viel vom Leben zu erwarten hat.

Doch sie will mehr.

Dass ihre Tante sie schließlich auf ein ärmliches Internat schickt, um ihr die Heißblütigkeit auszutreiben und sie loszuwerden, ist für Jane ein Glücksfall. Der Alltag dort ist hart, jedoch erfährt sie hier zum ersten Mal Freundschaft und Mitgefühl.

Sie erblüht zu einer vernünftig denkenden und nach Unabhängigkeit strebenden jungen Frau.

Als solche lehrt sie einige Jahre an der Schule, verlässt diese dann aber. Sie weiß, dass es noch mehr in der Welt gibt und sie an nichts und niemanden gebunden ist.

Durch ihren eigensinnigen Charakter und ihre direkte Art gewinnt sie sogar das Herz ihres späteren Arbeitgebers, Mr Rochester. Doch ein dunkles Geheimnis ändert alles. Sie flieht und muss ums Überleben kämpfen. Ihr großzügiger Retter ist gleichzeitig auch ihr nächstes Verhängnis.

Jane aber vertraut auf ihre innere Stimme. Ihre Seele und ihr Wille sind frei. Ihr Geist unzähmbar.

Jennifer Bergmann

**Ich bin kein Vogel,
und kein Netz umgarnt mich.**

Miss Marple

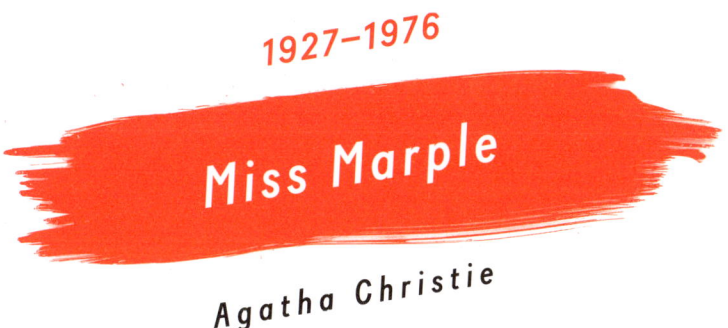

1927–1976

Miss Marple

Agatha Christie

Jane Marple ist eine ältliche Dame mit wollweißem Haar. Zu Hause, in dem kleinen englischen Dorf St. Mary Mead, strickt sie in einem gemütlichen Sessel Socken oder studiert während des Frühstücks die Lokalzeitung. So würde sie sich vermutlich selbst beschreiben – gewöhnlich. Wären neben diesen Beschäftigungen nicht ihre Gabe für Verbrechensaufklärung und der unstillbare Durst nach Gerechtigkeit. Als Detektivin beweist sie Scharfsinn und Verstand: Mit einer Reisegruppe durchstreift sie verschiedene Herrenhäuser und Gärten, um einen Mord aufzuklären. In einem Geisterhaus, dessen Bewohner mit spukenden Türen und verschwundenen Treppen kämpfen, entdeckt sie eine tragische Familiengeschichte.

Wieso Miss Marple das nicht für erstaunlich hält? Sie weiß, Verbrechen können immer und überall vor sich gehen. Für sie braucht es nur einen einzigen Hinweis, zum Beispiel eine Handvoll Roggen in der Hosentasche eines Opfers, um Rückschlüsse auf eine Tat zu ziehen. Wer außer Miss Marple könnte schon allein mit der Erinnerung an einen Kinderreim einen Mordfall lösen? Nicht einmal eine Bronchitis oder zwei schwere Lungenentzündungen können ihr etwas anhaben. Am Ende behält Miss Marple immer recht und klärt jedes noch so ausgeklügelte Verbrechen auf. In Wirklichkeit ist sie nämlich alles andere als gewöhnlich: lebensklug, erfinderisch und niemals außerstande, ihre Hilfe anzubieten.

Franziska König

Nachdem sie also die Zeitung gewendet hatte, dachte Miss Marple: »Es ist wirklich betrüblich, aber heutzutage scheint man sich nur noch für die Todesfälle zu interessieren!«

1987

Die Wolke

Gudrun Pausewang

Wenn Janna-Berta träumt, dann ist alles in Ordnung. Da sind ihre Eltern, ihre Brüder Uli und der kleine Kai, da sind Oma Berta und Opa Hans-Georg, und alle zusammen sitzen sie zu Hause auf der Terrasse und trinken Kaffee und heißen Kakao, bis die Abendsonne alles in dieses wunderschöne Licht taucht. Doch wenn Janna-Berta die Augen öffnet, sieht sie die Wirklichkeit: eine Welt, die sich niemand vorstellen konnte oder aus Bequemlichkeit nicht vorstellen wollte. In dieser Welt liegt ihr altes Elternhaus in Sperrzone 3, einem Gebiet, das für viele Jahre verstrahlt sein wird, in dem niemand leben kann, ohne an Krebs zu erkranken. Obwohl Janna-Berta so gerne dorthin zurückkehren würde, wäre es doch nicht das Gleiche, denn ein leeres Haus ist noch lange kein Zuhause. Und dass es leer wäre, weiß Janna-Berta. Niemand würde da sein, wenn sie käme, alle sind sie fort.

Seit der Super-GAU die Bundesrepublik Deutschland in Chaos und Panik gestürzt hat, muss Janna-Berta kämpfen: um ein Glas Wasser, darum, gehört zu werden, darum, leben zu dürfen. Plötzlich ist Janna-Berta eine Hibakusha, eine Strahlengeschädigte, erkennbar schon durch ihren haarlosen Kopf. Doch sie trotzt nicht nur der Krankheit, sie trotzt den verstohlenen Blicken auf der Straße genauso wie den harschen Anweisungen ihrer verständnislosen Tante Helga. Es sind Trotz und Wut, die ihr Kraft geben, sie stark sein und weitermachen und schließlich eine neue Familie und ein neues Zuhause finden lassen, das so ganz anders ist als das alte.

Anna Gölz

»Ich verstehe«, sagte Janna-Berta hart.
»Sie wollen nicht daran erinnert werden.«
»Wie gesagt, ich würde die Mütze aufsetzen«, sagte Helga.
»Ich will sie aber daran erinnern.«

1971

Weit weg von Verona

Jane Gardam

Jessica Vye, du bist ohne Zweifel eine echte Schriftstellerin.«
Jessica ist neun, als sie das von einem Autor gesagt bekommt. Dieser hält an ihrer Schule eine Rede, die sie sehr beeindruckt. Jessica rennt nach Hause, holt alles, was sie je geschrieben hat, und folgt ihm zum Bahnhof. Kurz bevor der Zug abfährt, drückt sie ihm ihre Texte in die Hand.

So ist Jessica – übertrieben dramatisch, findet ihre einzige Freundin Florence.

Und das, obwohl Krieg ist und alle nur an die Luftangriffe denken, die jederzeit kommen könnten. Jessica geht mit Gasmaske in die Schule, genau wie die anderen Kinder, aber anders als sie glaubt sie trotz allem daran, dass die Welt wunderbar und voller Möglichkeiten ist.

Deshalb kann Jessica nicht anders: Sie muss einfach ihren Zielen hinterherjagen.

Sie muss die Wahrheit sagen, besonders, wenn sie gerade niemand hören will.

Manchmal macht es Jessica traurig, dass sie scheinbar niemand richtig mag oder versteht. Außer dem Autor scheint auch niemand an ihr Talent zu glauben.

Eines Tages gerät Jessica mitten in einen Luftangriff. Sie überlebt, aber danach kann sie nicht anders, als an sich und der Welt zu zweifeln. Doch dann schreibt sie ein Gedicht und reicht es bei einem Wettbewerb ein – obwohl sie denkt, dass es schrecklich ist. Zu ihrer eigenen Überraschung gewinnt sie: Ihr Gedicht wird in der Zeitung *Times* abgedruckt, und plötzlich sind alle ganz stolz.

Das Wichtigste ist aber: Jessica erinnert sich wieder – sie ist *ohne Zweifel eine echte Schriftstellerin.*

Selene Mariani

»Jessica, du siehst die Dinge verzerrt, wie Kühe.«
»Kühe?«
»Ja. Die sehen alles doppelt so groß.«
»Tja, der *Times* scheint das nichts ausgemacht zu haben.«

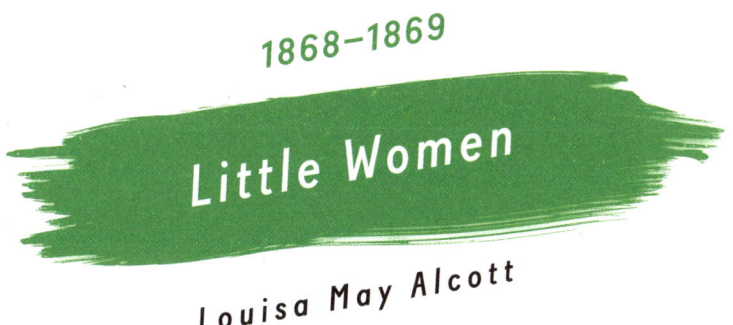

1868–1869

Little Women

Louisa May Alcott

Jo, Meg, Beth und Amy March sind Schwestern. Sie sind sehr verschieden und verstehen sich nicht immer – trotzdem haben sie sich lieb.

Jo ist intelligent und abenteuerlustig. Sie möchte unabhängig sein und Schriftstellerin werden, was oft zu Streit führt, weil das angeblich nichts für Frauen ist. Jo folgt ihrem Traum trotzdem, weil sie das Schreiben liebt.

Meg hingegen findet Traditionen wichtig. Sie verliebt sich in den Hauslehrer eines Freundes, und die beiden heiraten jung. Meg fühlt sich wohl als Ehefrau und Mutter, so hat sie sich ihr Leben immer gewünscht.

Beth tut alles für ihre Familie und hilft den kranken Nachbar*innen. Ihr eigenes Wohl stellt sie dabei hinter das der anderen; manchmal sogar so sehr, dass sie ihre eigene Gesundheit riskiert.

Amy ist die jüngste der Schwestern. Sie ist verträumt und fühlt sehr viel. Sie möchte Künstlerin werden. In ihren Augen ist alles romantisch, und alles hat Bedeutung. Sie hat einen ganz besonderen Blick auf die Welt.

Die March-Schwestern möchten ganz unterschiedliche Dinge vom Leben: Meg möchte eine Familie, Beth möchte anderen helfen, Jo möchte schreiben, und Amy will möglichst viel erleben. Trotzdem sind sie füreinander da und akzeptieren die Träume der anderen. Sie zeigen, dass man stark sein kann, egal, welchen Weg man nimmt.

Elisabeth Johanna Lehmann

**»Wir haben Vater und Mutter und uns«,
sagte Meg ganz zufrieden.**

JOAN

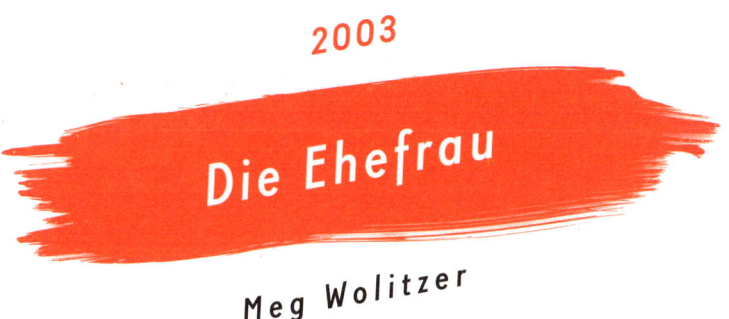

2003

Die Ehefrau

Meg Wolitzer

Früher war sie eine junge Studentin am Smith College, heute sitzt die 64-jährige Joan im Flugzeug nach Helsinki, in sich gekehrt, nachdenklich: Sie war stets loyal und geduldig, handelte immer selbstlos. Nie fehlte es ihr an Klugheit und Talent. Auch jetzt noch sprudelt reichlich Kreativität aus ihr heraus, um ihren Mann, den berühmten Joe Castleman, zu inspirieren. Selbst ihre Freundinnen bewundern Joans starkes Auftreten vor so stolzen Männern wie Joe.

Dabei ist sie eigentlich doch ganz gewöhnlich: Sie ist Mutter, Tochter, Freundin, und vor allem ist Joan Castleman Ehefrau. Die Ehefrau eines erfolgreichen und selbstverliebten Autors, der nun nervös neben ihr hin- und herrutscht. Denn er hat den begehrten Helsinki-Preis gewonnen, den er in ein paar Stunden entgegennehmen darf. Allerdings verbirgt sich hinter seinem glitzernden Ruhm ein großes Geheimnis: seine Ehefrau Joan, Muse und Stütze. Sie verzichtete auf den eigenen Erfolg, um ihr Talent in seine Romane zu stecken. Und trotzdem verschwand mit den Jahren Joes Anerkennung für seine Frau, er vernachlässigte und demütigte sie. Sie ließ es sich gefallen, hatte Verständnis dafür und umsorgte ihn und ihre Kinder, ohne sich je zu beschweren. Schließlich ist es das, was Ehefrauen tun. Dachte Joan zumindest immer.

Doch damit soll jetzt Schluss sein, sie hat endgültig genug davon! Zehntausend Meter über dem Meer beschließt Joan Castleman, ihr Leben zu verändern: Sie wird ihren Ehemann verlassen.

Linda Ludwig

**Jeder braucht eine Ehefrau;
eigentlich brauchen selbst Frauen eine Ehefrau.
Ehefrauen kümmern sich,
sie schweben um einen herum.**

Die Wellenläufer

Kai Meyer

Wo Kanonenschüsse über das Meer donnern, Wind die Segel aufbauscht und Gischt über die Reling spritzt, wo sich betrunkene Piraten in Hafentavernen prügeln und die Luft erfüllt ist von Lagerfeuern und Rum, da fühlt die 14-jährige Jolly sich zu Hause.

Als Quappe, also eines von jenen seltenen Kindern, die über Wasser laufen können, bewegt sie sich nie weit weg vom Meer. Sie würde keine Luft mehr bekommen, ihre Beine würden schwer werden, ein Leben ohne das Meer ist für sie einfach nicht vorstellbar. Seit sie denken kann, sticht sie mit ihrem Ziehvater, Piratenkapitän Bannon, und seiner Mannschaft in See. Doch dann wird ihr Schiff, die *Magere Maddy*, in eine Falle gelockt und sinkt. Jolly wird an einer nahen Insel an Land gespült, doch der Rest der Mannschaft ist verschwunden.

Jolly würde alles dafür tun, Bannon wiederzufinden, bricht sogar in den Unterschlupf des mächtigen Piratenkaisers ein und presst ihm die Klinge ihres Dolches an die Kehle, damit er ihr sagt, was er über den Verbleib ihres Ziehvaters weiß.

Doch bald erfährt sie, dass noch eine viel größere Aufgabe auf sie wartet.

Das Meer der Dunkelheit droht die Welt zu verschlingen. Weit draußen im Atlantik dreht sich der Mahlstrom, das Tor zum *Mare Tenebrosum*, und speit Vorboten des Untergangs aus, furchtbare Monster, die riesige Heere von Klabautern anführen.

Allein Jolly und der Farmerjunge Munk, die beiden letzten Quappen in der Karibik, können den Mahlstrom aufhalten.

Liv K. Schlett

**Ein Pirat gibt niemals auf,
er findet immer einen Weg.**

Daddy Langbein

Jean Webster

Judy heißt eigentlich Jerusha. Jerusha Abbott.

Den Namen hat ihr die grauenhafte Mrs Lippett im Waisenheim gegeben. Den Nachnamen aus dem Telefonbuch und den Vornamen ausgerechnet von einem Grabstein. Jerusha kann das Waisenhaus nicht ausstehen und ihren Namen auch nicht. Aber was kann ein Waisenmädchen schon aus ihrem Leben machen?

Jerusha ist jedenfalls zu klug, um ihre Zeit mit Wut zu verschwenden. Sie konzentriert sich auf das, was sie liebt. Und Jerusha liebt: Lesen, Schreiben, Lernen. Sie tauft sich einfach in Judy um. Das klingt nämlich mehr nach der Art Mädchen, das sie sein will.

Dann geschieht das Undenkbare: Ein Förderer des Heims schickt sie aufs College. Und als Dank soll Jerusha einmal im Monat an den unbekannten »Mr Smith« schreiben, um zu berichten, was sie lernt. So stellt sich das jedenfalls Mrs Lippett vor.

Aber Judy ist das zu unpersönlich. Anstatt an »Mr Smith« adressiert sie ihre Briefe an »Daddy Langbein«.

An ihn schreibt sie vom College aus. Und nicht nur über ihre Fortschritte in Algebra und Englisch. Nein, Judy schreibt über das Leben und Lernen, über die Fröhlichkeit und das Grauen in Form von Tausendfüßlern unterm Schreibtisch. Sie bringt ihre Gedanken und ihr Herz aufs Papier. Beide sind groß, ungewöhnlich, offen und ehrlich.

Judy weiß vielleicht nicht, wie ein normales Wohnzimmer eingerichtet ist – aber sie weiß, was im Leben zählt. Und wenn es eines gibt, was sie besonders genießt, dann ist es das Glück darüber, glücklich zu sein.

Sancia Fischbein

> Ich glaube nicht an die Theorie, dass Widrigkeiten und Leid und Enttäuschungen moralische Kraft entwickeln. Es sind gerade die glücklichen Menschen, die vor Güte überströmen.

1597

Romeo und Julia

William Shakespeare

Julia und Romeo gelten als das bekannteste und zugleich tragischste Liebespaar der Welt. Die beiden jungen Menschen – Julia ist gerade mal 13 Jahre alt – verlieben sich unsterblich ineinander, obwohl ihre Familien schon immer auf den Tod verfeindet sind.

In der ersten Zeit ist Julia noch sehr schüchtern und zurückhaltend. Weil sie ihren Eltern nicht sagen kann, dass sie sich verliebt hat, heiratet sie Romeo heimlich. Der ewige Streit der beiden Familien hält an, und während eines Kampfes auf offener Straße tötet Romeo einen Verwandten Julias. Er muss aus ihrer Heimatstadt Verona fliehen. Julia ist plötzlich auf sich allein gestellt. Sie wird mutiger und trifft eigenständige Entscheidungen. Vor ihren ahnungslosen Eltern spielt sie weiterhin die Rolle des braven Kindes, während sie zeitgleich einen waghalsigen Plan ausheckt, um wieder mit ihrem Geliebten vereint sein zu können. Doch es ist nicht nur die Liebe zu Romeo, die sie antreibt, sie widersetzt sich auch ihrer Familie und deren Hass. Vor allem aber kämpft sie um das Recht, eigenständig zu handeln und frei wählen zu dürfen, wen sie liebt. Dafür gibt sie alles, mit aller Kraft und Leidenschaft, mit unbeirrbarem Herzen und unbeugsamem Willen.

Als Julias Plan am Ende scheitert und Romeo irrtümlich glaubt, Julia sei tot, nimmt das Unglück seinen Lauf: Beide Liebenden wählen eher den Tod, als dass sie es ertragen könnten, ein Leben ohne den anderen zu führen.

Luca Estelle Horvath

Der Liebe leichte Schwingen trugen mich;
Kein steinern Bollwerk kann der Liebe wehren;
Und Liebe wagt, was irgend Liebe kann.

Whalerider

Witi Ihimaera

An der Ostküste Neuseelands, auf Whāngārā, fühlt sich das junge Mädchen Kahu bei ihren Urgroßeltern zu Hause – das sind der Ort und die Menschen, die sie liebt. Doch ihr Urgroßvater Koro weist ihre Liebe zurück; sie ist schließlich »nur« ein Mädchen. Er gibt ihr die Schuld am Fehlen eines männlichen Erben, und damit eines Stammesanführers, sowie an der unsicheren Zukunft der Māori. Aber Kahu ist fest entschlossen, mehr über das Kulturerbe ihres Stammes zu lernen. Obwohl ihr der Unterricht als Mädchen verwehrt bleibt, taucht Kahu immer wieder auf, »wie ein stacheliger Seeigel«.

Mit Kahus Sehnsucht nach der Zuneigung ihres Urgroßvaters wächst auch ihre Tapferkeit. So hält Kahu auf einem Schulkonzert eine Rede auf Māori und lädt ihre Familie ein, jedoch bleibt der Ehrenplatz für Koro demonstrativ frei. Kahu möchte weinen, hält aber ihre Tränen zurück und teilt ihre Botschaft souverän mit: Sie möchte ihre Liebe für die Gemeinde und die Māori-Kultur ausdrücken und ihrem Urgroßvater die Augen öffnen. Doch Koros Augen bleiben zu. Er übersieht sogar Kahus besondere Verbindung zum Meer und ihre Fähigkeit, mit Meerestieren zu sprechen.

Als eine Gruppe uralter Wale strandet und damit das Ende der Māori im heutigen Neuseeland ankündigt, steht das Überleben der Gemeinde auf dem Spiel. In dieser Situation der Not und Verzweiflung zeigt sich Kahu als wahre Anführerin. Sie nimmt das Schicksal in die Hand und gibt alles, um die Wale zurück ins Meer zu leiten und die Zukunft ihrer Gemeinde zu retten.

Roberta Sarada Enzmann

Regeln sollen gebrochen werden.

2003

Blauer Hibiskus

Chimamanda Ngozi Adichie

Aus ihrem Zimmer mit den hohen Decken und weißen Wänden kann Kambili den roten Hibiskus entlang der Einfahrt sehen. Er blüht so wild und schön, dass ihn immer alle bewundern. Im restlichen herrschaftlichen Haus in Nigerias Großstadt Enugu herrscht jedoch klare Ordnung, denn ihr Vater gestaltet das Familienleben nach seinen strengen, gottestreuen Regeln. Für Kambili fertigt er täglich Arbeitspläne an, in denen jegliche Aufgabe genau festgehalten ist. Nie käme das schüchterne Mädchen auf die Idee, sich nicht daran zu halten. Immerhin möchte sie eine gute und fromme Tochter für ihren geliebten Vater sein. Manchmal jedoch gelingt das Kambili nicht. Wenn sie nur die Zweitbeste in ihrer Klasse ist, zum Beispiel. Dann weiß sie, dass ihr Vater enttäuscht sein wird und sie bestrafen muss.

Erst als sie Ferien bei ihrer Tante Ifeoma macht, versteht Kambili, dass die Welt noch ganz andere Seiten hat. Zwar ist das Leben dort einfacher und mühseliger, aber dafür umso bunter, befreiender. Auf einmal findet Kambili ihre eigenen Worte! Auf einmal ist die Luft frei, da kann sie einfach sprechen, ohne erst vom Vater aufgefordert zu werden. Auf einmal kann sie singen, rennen und lachen. Außerdem ist da noch Pater Amadi mit seiner wunderbaren melodischen Stimme, in dessen Nähe sich Kambili so kribbelig fühlt. Sie fasst ihren Mut zusammen und traut sich, nicht den Plänen des Vaters, sondern ihrer eigenen Stimme zu folgen und mit Pater Amadi eine neue, eigene Sicht auf die Welt zu erlangen.

Anna Gölz

»Du bist lustig.« – Das hatte ich noch nie gehört.
Ich würde es mir für später aufheben und genüsslich
in dem Gedanken schwelgen, dass ich sie zum
Lachen bringen konnte.

1983

Kassandra

Christa Wolf

Kassandra ist die Tochter eines mächtigen Königs. Aufgrund ihrer atemberaubenden Schönheit haben sich schon viele Männer in sie verliebt, wovon sie sich jedoch nie beeindrucken ließ und alle zurückwies. Auch der Gott Apollon verfällt ihr und schenkt ihr die Gabe der Weissagung. Doch das lässt die freigeistige Kassandra völlig kalt. Mit dieser Zurückweisung kann der eitle, in seiner Männlichkeit und Göttlichkeit tödlich beleidigte Apollon nicht umgehen, und so verflucht er sie aus Rache: Niemand soll ihr je wieder etwas glauben.

Kassandra sieht immer wieder Unheil voraus. So warnt sie die Einwohner*innen der Stadt Troja zum Beispiel vor der Hinterlist ihrer Feinde, der Griechen. Doch nie findet sie Gehör, wird nie ernst genommen. Das hält sie aber nicht auf. Unbeirrbar und unermüdlich versucht sie auf zukünftige Katastrophen hinzuweisen. Nie wird sie hoffnungslos, nie gibt sie auf.

Nach dem Untergang Trojas wird sie von mächtigen Männern gefangen genommen und versklavt. Der Mann, der sie als Sklavin nimmt, wird später jedoch von seiner Frau erdolcht. Auch dieses Unheil hat Kassandra vorausgesehen und hat, trotz der Gefahr, die das Teilen dieses Wissens bedeutet, und obwohl sie weiß, dass sie davon nicht profitieren wird, vor seinem Tod gewarnt. Da kennt Kassandra ihr eigenes Ende bereits: Letztlich wird auch sie von der Frau ihres Sklavenhalters umgebracht.

Obwohl Kassandra nie gehört wird, nie ernst genommen wird, tritt sie bis zu ihrem Lebensende unerschrocken für die Wahrheit ein.

Benedikt Stamm

**Ich fürchtete das Schlimmste,
ich schrie, bat, beschwor und redete in Zungen.**

Die Tribute von Panem

Suzanne Collins

Wenn sie einen Pfeil von der Bogensehne schnellen lässt, trifft er mitten ins Herz. Wie eine Wildkatze schleicht sie lautlos durch die Wälder, die sich hinter den Zäunen von Distrikt 12 erstrecken. Sie klettert auf die höchsten Bäume und nimmt ihre Beute mit scharfen Augen ins Visier. Sie kann Messer werfen, Fallen stellen und weiß, wo im Wald die Erdbeeren wachsen. Sie kann den Friedenswächtern illegal geschossene Truthähne verkaufen, ohne verhaftet zu werden. Sie muss es können, damit sie und ihre Familie nicht verhungern. Was sie nicht kann und will: Regeln befolgen. Erst recht keine Spielregeln. Als ihre kleine Schwester Prim für die jährlichen Hungerspiele ausgelost wird und sich mit anderen Kindern in der Arena des Kapitols bis auf den Tod bekämpfen soll, nimmt Katniss freiwillig ihren Platz ein. Bei dem Spiel darf eigentlich nur eine Person überleben, doch mit einer Handvoll giftiger Beeren rettet Katniss nicht nur sich selbst, sondern auch Peeta, der mit ihr in die Spielarena muss. Mit dieser Handvoll Beeren kann sie nicht nur den Präsidenten erzürnen, sondern auch seine Macht über die Menschen aus den Distrikten ins Wanken bringen. Und sie kann singen, für kleine Mädchen, die sterben müssen. So wird sie, ohne es zu wollen, zum Symbol des Widerstands in den Distrikten, in denen nur ein Funke gefehlt hat, um die Rebellion gegen das Kapitol zu entfachen. Sie ist dieser Funke. Sie ist Katniss Everdeen – das Mädchen, das in Flammen steht. Und ihr Feuer breitet sich aus.

Mara Schrey

Und wenn wir brennen, brennen Sie mit!

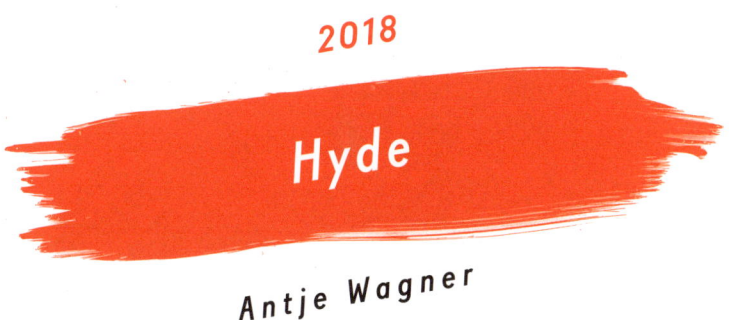

2018

Hyde

Antje Wagner

Alles brennt. Katrinas komplettes Leben geht in Flammen auf. Ihr Zuhause war Hyde, eine Blockhütte, versteckt in der Natur, die sie so gut kennt und versteht. Doch obwohl ihr das Feuer alles genommen und deutliche Spuren auf ihr hinterlassen hat, ist es ihr Freund. Sie weiß mit ihm umzugehen.

Jahre später führt sie ihr Weg als Tischlergesellin durch den tiefsten Winter, zu widrigen Aushilfsjobs und heruntergekommenen Zimmern. Dabei kämpft sie mit schweren Erkältungen und abschätzigen Blicken. Doch sie weiß genau, wofür sie all das auf sich nimmt, wie sie es überstehen kann. Sie mag entstellt sein und ihr Gesicht verbergen, doch sie trägt eine unstillbare Wut in sich, die sie antreibt.

Früher hat sie mit ihrer Schwester bei Gefahr die Zähne gefletscht und geknurrt, wie sie es von den Tieren gelernt haben. Heute hat sie einen durchdachten Racheplan. Für jeden Einzelnen aus der Gruppe, die für ihren Verlust durch den Brand verantwortlich ist. Für Katrina war das Leben nach der Zerstörung Hydes die reinste Gefangenschaft.

Vor ihr liegen zwei Türen. Doch nur eine führt sie zu sich und in ein neues Leben.

Mag es Schicksal oder Zufall sein, dass Katrina zu einem verlassenen Haus kommt, das ebenso einsam zu sein scheint wie sie. Dort kann sie das Eis schmelzen lassen sowie ihre Seele und die des Hauses heilen – wenn sie das Gespinst aus Lügen und Intrigen ihrer Vergangenheit loslässt.

Jennifer Bergmann

**Es gibt nur einen Weg aus der Angst. –
Der führt mittendurch.**

Lena

1987

Lena: Unser Dorf und der Krieg

Käthe Recheis

In Lenas oberösterreichischem Dorf wird viel über Hitler geredet, den Anschluss, dass es eine Wahl geben wird. Manche sind dafür, manche dagegen. Lenas Eltern fragen sich: »Wenn der Krieg vorbei ist und die Leute fragen, warum wir das zugelassen haben, was sagen wir dann?«

Als Hitler einzieht, gibt es im Dorf eine Gulaschkanone, und den Kindern werden Würstel versprochen. Lena geht nicht hin. Es ist das erste Mal, dass die anderen etwas ohne sie machen.

Rosa, ein Mädchen aus dem Dorf, sammelt Kriegshefte, in denen von den Siegen des Deutschen Reichs erzählt wird, heldenreiche Geschichten über deutsche Soldaten. Lena und ihr Bruder lassen sich von Rosas Begeisterung für das Hefte-Sammeln auch anstecken.

Die Wahrheit über den Krieg wird nur in verbotenen ausländischen Radiosendern berichtet. Lena belauscht die Erwachsenen in der Küche, ihr Onkel erzählt von einem Konzentrationslager. Immer mehr junge Männer fallen im Krieg, Österreich wird bombardiert. Lena verbrennt ihre Kriegshefte, sie ist jetzt gegen das Nazi-Regime. Doch das muss sie unbedingt für sich behalten. Sagen, was man denkt, ist zu gefährlich.

An einem Frühlingstag geht Lena allein in den Wald und bleibt bei den Russengräbern am Dorfrand stehen. Sie hält es nicht aus, dass die kargen Erdhügel so nackt sind, ohne Namen, und schmückt sie mit Wiesenschaumkraut, weißen Margeriten, blauem Kaiserknopf, Steinnelken, Glockenblumen, Hahnenfuß und Löwenzahn.

Esther Spiegel

Wer Blumen auf die Gräber von Feinden legte, war ein Saboteur. Ich hatte nicht vorgehabt, die Gräber immer zu schmücken. Jetzt war es anders, jetzt musste ich es tun.

LIESEL

Die Bücherdiebin

Markus Zusak

m Jahr 1939 findet ein neunjähriges Mädchen namens Liesel Meminger ein Buch im Schnee und lässt es unauffällig unter ihrem Mantel verschwinden.

Es ist der Beginn ihrer Karriere als Bücherdiebin.

Als Liesel bei ihren Pflegeeltern in der Himmelstraße ankommt, hat sie keine Familie mehr. Nacht um Nacht wird sie von furchtbaren Albträumen geweckt, doch ihr gestohlenes Buch gibt ihr Kraft. Dann werden auf dem Marktplatz ihrer neuen Heimatstadt Molching Bücher verbrannt, und die Bücherdiebin schlägt ein zweites Mal zu, als sie ein Buch aus den Flammen rettet. Mit dieser Beherztheit schafft sie es ganz leise, das Leben ihrer Mitmenschen ein wenig heller leuchten zu lassen in einer Zeit, da der Zweite Weltkrieg vor der Tür steht. Vor allem Max Vandenburg hat sie ins Herz geschlossen, der im Keller von Liesels Pflegefamilie versteckt leben muss, weil er Jude ist. Jeden Tag besucht sie Max, erzählt ihm von der Welt draußen und bringt sogar frisch gefallenen Schnee ins Haus, damit sie gemeinsam einen Schneemann bauen können. Als Max krank wird, liest sie ihm jeden Tag aus ihren gestohlenen Büchern vor. Dabei beginnt sie zu verstehen, dass geschriebene Worte viel mehr können, als bloß gelesen zu werden. Bücher können eine Erinnerung sein und ein Geschenk, sie können dunkle Gedanken verbreiten, aber auch Angst lindern. Als dann die Bomben des Kriegs über Molching fallen und die ganze Himmelstraße zitternd im Luftschutzbunker sitzt, beginnt sie, den Menschen auf ihre eigene Art zu helfen: Sie liest ihnen vor.

Katrin Griebenow

Es war einmal ein Mädchen, das hatte einen Freund,
der in den Schatten lebte. Sie zeigte ihm,
wie sich die Luft beim Atmen anfühlte. Und das machte
ihr klar, dass sie noch am Leben war.

Lola-Reihe

Isabel Abedi

Wild gelocktes Haar, große Träume, immer ein Lächeln auf dem Gesicht und eine blühende Fantasie. Das ist Lola. Nachts, wenn sie nicht einschlafen kann, stellt Lola sich vor, jemand anderes zu sein. Dann ist sie eine Feuerwehrfrau, die Menschenleben rettet, eine 5-Sterne-Köchin, eine weltberühmte Geheimagentin oder bringt als Popstar unter dem Namen »Jacky Jones« ihre Fans zum Kreischen.

In ihrem richtigen Leben ist Lola ein Mädchen wie du und ich, abenteuerlustig und mutig. Die brasilianische Kultur ist für Lola wichtig, denn ihr Vater kommt aus Brasilien. Immer wieder hat er auf dem Land mit Diskriminierung zu kämpfen, doch Lola verteidigt ihren Vater und liebt dessen brasilianische Bohnensuppe genauso wie sein Temperament.

So zieht Lolas Familie in die weltoffenere Stadt Hamburg. Hier sind ihr Vater und die bunte brasilianische Kultur willkommen. Er eröffnet ein brasilianisches Restaurant, wo Lola sogar ein Lied singen darf. Das Restaurant bewahrt sie später vor der Schließung, indem sie einen Restaurantkritiker daran hindert, einen zu Unrecht schlechten Artikel zu veröffentlichen.

Dieses und weitere Abenteuer erlebt sie nicht alleine, sondern mit ihrer besten Freundin Flo, die sie in Hamburg kennenlernt. Flo steht ihr nicht nur in der realen Welt, sondern auch in ihren Fantasiewelten immer zur Seite.

Auch wenn Lola nie wird, was sie sich in ihren Träumen vorstellt, meistert sie in ihrem richtigen Leben alle Herausforderungen mit ihrem großen Ideenreichtum.

Hannah Körner

Also fing ich an, mir vorzustellen, wer ich wohl wäre, wenn ich nicht ich wäre.

Lotte & Luise

Das doppelte Lottchen

Erich Kästner

Das doppelte Lottchen, das sind Lotte Körner und Luise Palfy.

Die sich bis aufs Haar gleichen, aber unter den unterschiedlichsten Umständen aufgewachsen sind.

Da ist Lotte, die in München bei ihrer Mutter lebt, die brav ist und hilft, wo sie kann. Und da ist Luise, die Funken sprüht und in Wien ihrem Vater auf der Nase herumtanzt.

Das doppelte Lottchen, das sind zwei Mädchen, die je einen Elternteil zu wenig und von ihrem Leben nur die Hälfte haben, ohne es zu wissen – bis sie sich in einem Ferienlager begegnen. Sie bemerken, dass sie sich absolut gleichen, und sie wundern sich darüber, bis sie etwas Ungeheures feststellen: Sie sind am gleichen Tag geboren worden, von denselben Eltern. Das heißt, sie sind sich nicht zum Verwechseln ähnlich, sondern identische Zwillinge, die bis jetzt nichts von der Existenz der anderen wussten.

Sie ahnen, dass ihnen Unrecht angetan wurde und sie handeln müssen, um Gerechtigkeit zu schaffen. Also tauschen sie Rollen.

Lotte in Wien nimmt die Identität ihrer Schwester an, und Luise in München gibt ihr Bestes, brav zu sein. Für beide ist es schmerzhaft; wie eine Forschungsreise über das, was sie durch die Trennung verpasst haben.

Das doppelte Lottchen, das sind zwei Schwestern, die in vertauschten Rollen beginnen, das Leben der anderen zu verändern. Nicht mit Absicht, mehr aus Versehen, weil sie eben doch nicht zwei identische Mädchen sind. Lotte und Luise, und schließlich auch alle anderen, wissen, dass man sie nicht halbieren darf, dass sie ein Recht haben auf das Ganze.

Gwendolyn Krenkel

Eigentlich hätten sie uns erst fragen müssen, ob sie uns halbieren dürfen.

Die Chroniken von Narnia

C. S. Lewis

Stell dir vor, es gibt eine Welt, fernab von unserer eigenen. Sie wurde von einem Löwen geschaffen, und in ihr tummeln sich allerlei magische Kreaturen. Stell dir vor, du versteckst dich eines Tages in einem Schrank und stehst auf einmal mitten in dieser Welt, auf einer schneebedeckten Straße. Ein Faun, halb Mensch, halb Ziege, steht vor dir. Aber keines deiner drei Geschwister glaubt dir, als du ihnen später von dieser Welt, Narnia, erzählst.

So ergeht es Lucy, dem jüngsten der vier Pevensie-Kinder. Niemand will ihr glauben, weder zu Beginn noch später; immer neu muss sie ihre Geschwister Peter, Susan und Edmund überzeugen.

Im Gegensatz zu ihrer Schwester ist Lucy gegenüber den Geschöpfen Narnias weniger misstrauisch, gleich zu Beginn schließt sie Freundschaft mit Herrn Tumnus, dem Faun. Was die Geschwister auch unterschätzen, ist Lucys Mut, der vor allem zum Vorschein kommt, wenn es um Rettung in letzter Not geht. So schafft sie es zum Beispiel in einem ihrer Abenteuer, gefangene Kreaturen in letzter Sekunde zu befreien.

Auch wenn sie es immer erst beweisen muss: Lucy trägt die Hoffnung in sich. Das erkennen auch ihre Geschwister, und nachdem sie ihre Vorsicht gegenüber der fremden Welt abgelegt haben, kann sich Lucy immer auf ihre Schwester und die Brüder verlassen. Genauso wie auf ihre neuen Freunde in Narnia, den Löwen Aslan und ihren »lieben kleinen Freund« Trumpkin, den Zwerg.

Nina Köhler

**Wenn du noch tapferer wärst,
wärst du eine Löwin.**

Der Goldene Kompass

Philip Pullman

Wenn das kleine Mädchen mit den blauen Augen und straßenköterblonden Haaren erzählt, hören alle gespannt zu. Ungewaschen, trotzig und flink gibt es bei jeder Gelegenheit an und lügt, was das Zeug hält.

Lyras Schicksal sei, das Schicksal abzuschaffen, prophezeit die Hexe Serafina. Davon weiß Lyra, die als Waise im Internat Jordan College aufwächst, nichts. Sie spielt am liebsten mit dem Küchenjungen Roger, mit dem sie sich auf dem Dach des Internats im Pflaumenkernspucken misst. Sie und ihr Seelentier und ewiger Begleiter Pantalaimon suchen das Abenteuer in den Hallen des Internats. Als Roger entführt wird, gibt Lyra ihr bisher bekanntes Leben auf: Sie weiß, sie muss handeln und Roger zurückholen!

Dazu muss sie all ihren Mut und all ihre Kraft unter Beweis stellen: Sie schleicht sich auf ein Schiff, um mit Familien, die auch ihre Kinder verloren haben, in den Norden zu fahren. Dort soll ihr Freund hingebracht worden sein. Mit ihren besonderen Fähigkeiten – Witz, Mut, Entschlossenheit, List – schlägt sie sich auf ihrer Reise durch.

Lyra ist ein starkes Kind. Das beweist sie den Erwachsenen immer wieder. Diese respektieren sie. Sie muss nicht still sitzen, auf ihre Manieren achten oder ehrlich sein, um ernst genommen zu werden! Sie wächst und wird aus sich selbst heraus groß; entscheidet, was sie gut findet und was nicht, und lässt sich nicht von außen beeinflussen oder zähmen.

Nicole Collignon

> Aber ich hab auch keine Angst.
> Ich würde einfach tun, was mein Onkel getan hat.
> Da war dieser unhöfliche Gast, und mein Onkel starrt ihn
> nur böse an, und der fällt auf der Stelle tot um.

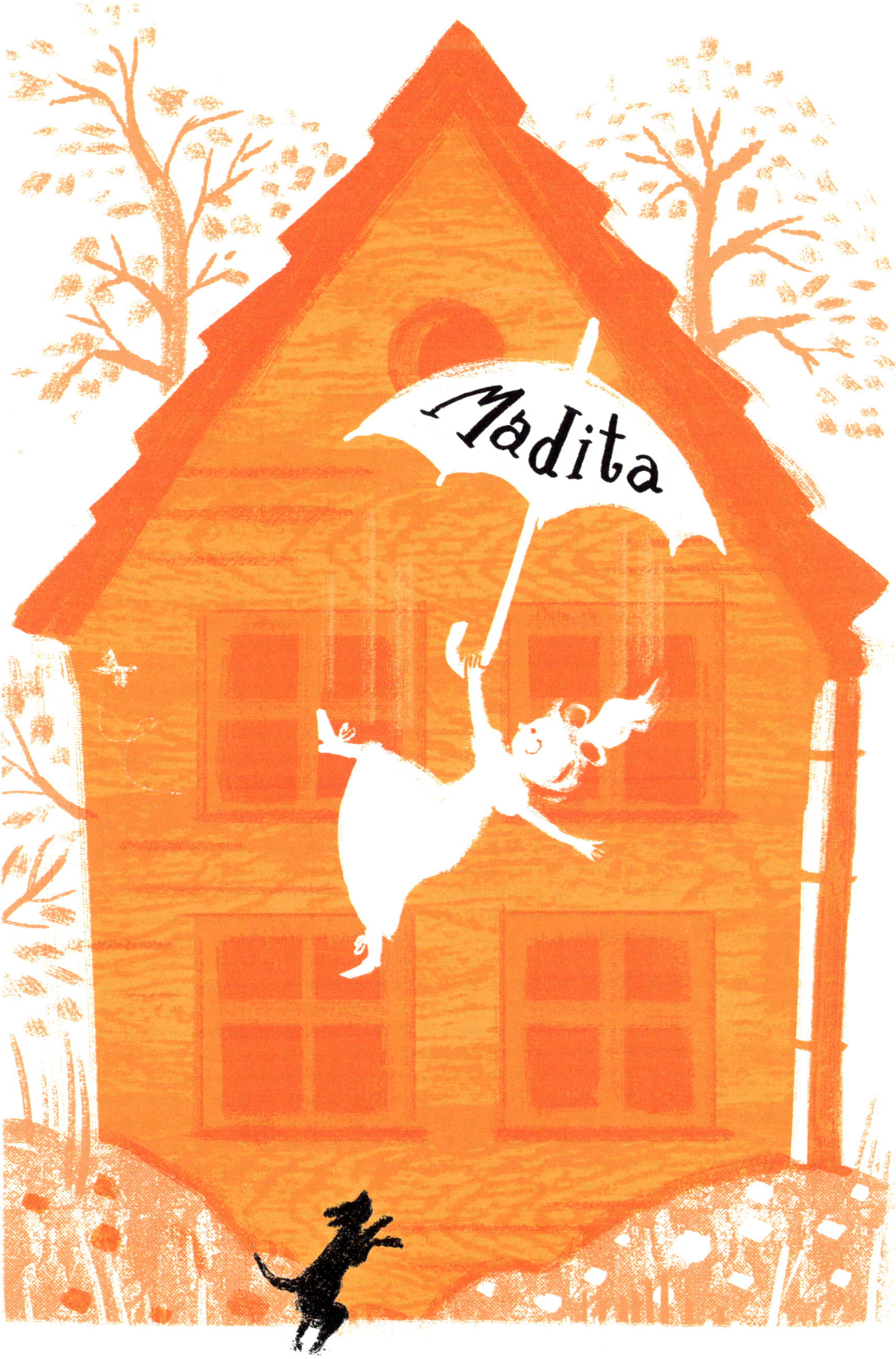
Madita

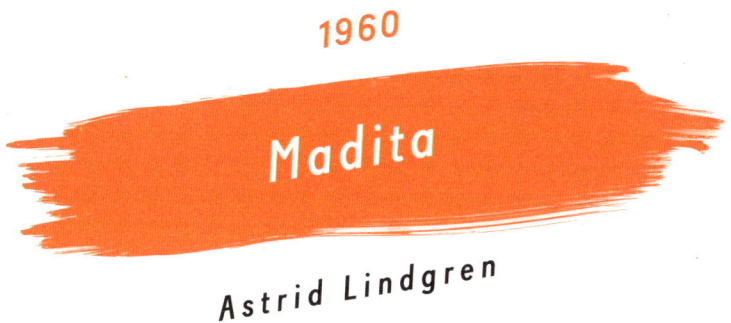

1960

Madita

Astrid Lindgren

»Du bist ja verdreht, Madita!« Warum Maditas Schwester Lisabet diesen Satz so oft sagt, versteht man schnell:

Madita springt mit einem Regenschirm vom Dach, geht nachts freiwillig auf die Suche nach einem Gespenst ... und vieles mehr.

In Maditas Kopf sprudelt es nur so vor Ideen. Dabei unterscheidet sie nicht zwischen Fantasie und Realität. Sie weiß zwar, dass Menschen nicht einfach so fliegen können, aber vielleicht klappt es ja doch? Madita probiert es einfach aus.

Furchtlos ist sie nicht. Im Gegenteil – als sie zum Beispiel mit ihrem Freund Abbe auf Gespensterjagd geht, schlottert sie vor Angst. Aber Madita ist viel zu neugierig, um sich davon abhalten zu lassen.

Madita »spürt das Leben in sich« – manchmal so stark, dass es wehtut. Denn so sehr, wie sie die schönen Momente genießen kann, nimmt sie auch Ungerechtigkeiten in ihrer Umgebung wahr. Zum Beispiel, dass Abbe den ganzen Tag in der Küche stehen und Kringel backen muss, die die Mutter dann auf dem Markt verkauft.

Doch auch hier sieht Madita nicht nur zu: Sie handelt, setzt sich für die anderen ein. Sie möchte, dass es allen gut geht, dass alle gerecht behandelt werden. Sonst hält sie es keine Sekunde aus.

So sein kann Madita nur, weil sie die Menschen versteht: Sie weiß, dass alles zwei Seiten hat, oder mehr. Auch sie selbst: Sie möchte zwar immer lieb sein, aber manchmal überkommt es sie, und dann prügelt sie sich mit anderen oder lügt. Danach macht sie es wieder gut. Diese Chance sollten alle bekommen, findet Madita.

Selene Mariani

Bei dem bloßen Gedanken an das, was sie vorhat, läuft Madita ein Schauer nach dem anderen über den Rücken, aber die Schauer sind gar nicht so unangenehm.

Mariam

Tausend strahlende Sonnen

Khaled Hosseini

Sie ist eine Harami – ein uneheliches Kind – und lebt deswegen mit ihrer Mutter Nana in einer abgeschiedenen Hütte aus Stroh und Lehm in Afghanistan.

Mariam träumt davon, ihr Zuhause und die Umgebung zu verlassen und in die nahe gelegene Stadt Herat zu gehen, dort lebt ihr geliebter Vater Jalil – einer der einflussreichsten Männer Herats.

An ihrem 15. Geburtstag bricht Mariam zu Fuß in die Stadt auf und fragt sich bis zu Jalils Villa durch. Als uneheliches Kind ist Mariam es gewohnt, ständig abgelehnt zu werden, doch Jalil hat ihr bisher nie das Gefühl gegeben, eine Schande für ihn zu sein. Vor seinem Haus, zu dem ihr der Zutritt verwehrt bleibt, versteht sie zum ersten Mal, dass ihr Vater nicht der Held ist, für den sie ihn bisher gehalten hat.

Nach dem Tod ihrer Mutter wird Mariam an den wesentlich älteren Raschid nach Kabul verheiratet. Sie bricht endgültig mit ihrem Vater und erlebt in Kabul, wie erst die Sowjetunion und später die Taliban an die Macht kommen. Nach 18 Jahren kinderloser Ehe nimmt Raschid sich eine Zweitfrau. Was sich für Mariam wie die letzte Entwürdigung anfühlt. Sie und die junge Laila haben anfänglich größte Schwierigkeiten miteinander. Als Raschid zunehmend gewalttätig wird, tun die beiden sich zusammen, und Mariam setzt sich immer vehementer für die junge Mutter Laila ein. Hier kennt sie keine Grenzen und trifft zum ersten Mal in ihrem Leben eine eigene Entscheidung, die das Leben aller Beteiligten verändert.

Ilona Martijn

Ihr Herz pochte vor Erregung.
Sie wünschte, Mullah Faizullah könnte sie jetzt sehen.
Wie wagemutig er sie finden würde!
Wie verwegen!

1911

Der geheime Garten

Frances Hodgson Burnett

Als Mary Lennox' Eltern sterben, ist sie erst zehn Jahre alt und nicht sehr beliebt. Doch das findet Mary nicht schlimm, denn sie mag schließlich auch keine Menschen; sie findet sie sogar abscheulich. Wenn ihr etwas oder irgendwer nicht gefällt, dann wird Mary richtig unausstehlich. Woher sollte sie auch Manieren kennen? Schließlich verließ sie damals in Indien nie das Haus. Stattdessen wurde sie von Dienstbot*innen verzogen.

Als Mary aber zu ihrem verschrobenen Onkel ins englische Moor geschickt wird, verändert sich so einiges: Dort kümmert sich niemand um das Mädchen, sie darf in dem riesigen Haus nicht einmal spielen. Mary fängt an, sich zu langweilen. Denn bis auf Martha, das plappernde Dienstmädchen, scheint sonst niemand dort zu sein.

Daher spielt sie oft draußen, wo sie bald einen versteckten Garten findet, der völlig überwuchert ist und seit Jahren nicht betreten wurde. Das perfekte Geheimnis, findet Mary. Um den Garten wiederherzurichten, holt sie sich Hilfe von Marthas Bruder Dickon. Gemeinsam lassen sie den Garten erblühen, und mit ihm wächst eine ganz besondere Freundschaft heran. Mary empfindet immer seltener jene Wut von früher, besonders als sie ihren Cousin Colin kennenlernt. Der ist nämlich genauso trotzig und gemein, wie sie es vorher war. So möchte Mary wirklich nicht mehr sein. Das Leben und die Abenteuer auf dem Anwesen verändern schließlich Marys Leben und das aller anderen dort.

Linda Ludwig

Wenn du nur richtig hinschaust, kannst du sehen, dass die ganze Welt ein Garten ist.

Mary Poppins

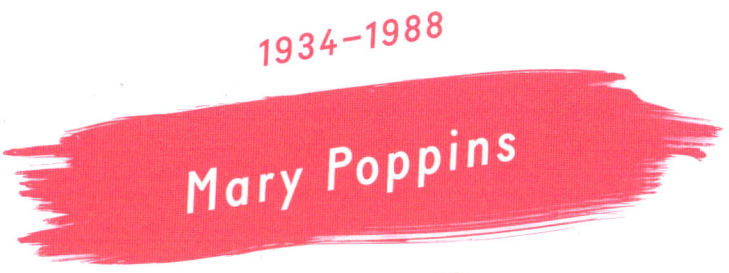

Mary Poppins

P. L. Travers

Es beginnt damit, dass eine Gestalt, die sich später als das Kindermädchen Mary Poppins herausstellt, einfach so vom Wind angeweht wird. Seit sie im Kirschbaumweg Nummer siebzehn aufgetaucht ist, erleben Jane und Michael allerhand wunderliche Dinge.

Zum Beispiel besuchen sie Mary Poppins' Onkel Albert, der an seinem Geburtstag so vollgefüllt mit Lachgas ist, dass er wie ein Luftballon an der Decke schwebt. Von seinem Lachen angesteckt, fliegen Jane und Michael kichernd zu ihm hinauf, was Mary Poppins überhaupt nicht lustig findet. Sie sieht aber ein, dass die beiden gerade nicht auf sie hören werden. Anstatt sie zu bestrafen, gesellt sie sich zu ihnen, um mit ernster Miene in der Luft sitzend mit den Kindern und Onkel Albert Tee zu trinken und Kuchen zu essen.

Mary Poppins versteht sogar Hundesprache, denn eines Tages unterhält sie sich einfach mit dem Hund der Nachbarin.

Das klingt, als wäre Mary Poppins eine liebevolle Superheldin, aber weit gefehlt: Sie kann so streng sein, dass niemand es wagt, ihr zu widersprechen. Mit nur einem Blick schafft sie es, die Kinder zum Gehorsam zu bringen. Nur ein einziges Mal ist Mary Poppins nicht streng, und das bereitet den Kindern große Sorgen.

Mary Poppins ist das beste Kindermädchen, das jemals auf Jane und Michael aufgepasst hat. Ihre Strenge nehmen die beiden gerne hin, denn mit Mary Poppins wird es nie langweilig, und das Leben ist voller Magie.

Ilona Martijn

Es war so merkwürdig, dass es Jane und Michael die Sprache verschlug. Aber sie wussten, heute war mit Nummer siebzehn etwas Wunderbares und höchst Seltsames geschehen.

Matilda

Roald Dahl

Das ist zweihundertundsechsundsechzig.« Ohne zu zögern, gibt Matilda an ihrem ersten Schultag die richtige Antwort auf die Frage, was 14 mal 19 ist. Ihre Lehrerin Fräulein Honig ist sprachlos: Matilda ist außergewöhnlich intelligent. Mit ihren fünf Jahren kann sie nicht nur mühelos mit großen Zahlen rechnen, sondern auch komplizierte Texte flüssig lesen. »Musst du denn immerzu lesen?«, herrscht ihr Vater sie an und zerreißt ein Buch, das sich Matilda aus der Bücherei geliehen hat. Ihre Eltern lassen sich am liebsten vom Fernseher berieseln und verhöhnen Matildas Wissensdurst. Das bedauert sie sehr, denn sie wünscht sich eine liebevolle Familie, die sich für sie interessiert.

»Du bist ein verschlagenes, heimtückisches, dickköpfiges, boshaftes kleines Biest«, brüllt auch die gefürchtete Schuldirektorin Knüppelkuh, die Kinder bei den Zöpfen packt und über den Schulhofzaun schleudert. Normalerweise ist Matilda ruhig, aber wenn ihr oder anderen Kindern Unrecht widerfährt, wird sie wütend. Gegen solche Gemeinheiten weiß sie sich mit Witz zu wehren. So klebt sie den Hut ihres Vaters auf dessen Kopf fest oder versteckt einen sprechenden Papagei im Kamin, der ihre Eltern zittern lässt. Wenn Erwachsene besonders ungerecht sind, kommt es vor, dass sich die Energie in Matildas Kopf zu einem heißen Strom konzentriert, mit dem sie Dinge bewegen kann, ohne sie berühren zu müssen.

Matilda weiß, fürchten muss sie sich vor niemandem auf der ganzen Welt.

Mara Schrey

Du siehst aus wie ein Kind, aber in Wirklichkeit bist du keines, dein Verstand und deine Geisteskräfte sind ganz erwachsen. – Fräulein Honig

Die erstaunlichen Abenteuer der Maulina Schmitt

Finn-Ole Heinrich

Sie ist einzigartig, ungewöhnlich, spektakulär und grenzenlos mirakulös. Eigentlich heißt Maulina Paulina. Paulina Klara Lilith Schmitt. Maulina passt aber besser zu ihr. Denn sie ist wütend. Und Meisterin der Maulkunst.

»Maulen heißt nicht einfach rumstänkern, maulen, das ist eine Lebenseinstellung.«

Es war einmal. Da war noch alles gut. Da lebte Maulina in einem Königreich. Es hieß Mauldawien, und es gab dort die längsten Frühstücke der Welt, einen Garten, eine Maulhöhle, Geborgenheit. Es war einmal.

Maulina und ihre Mutter sind nach »Plastikhausen« gezogen. Achtzig Topfpflanzen haben sie mitgenommen, aber Maulinas Vater, den sie seit der Trennung von ihrer Mutter nur mehr »den Mann« nennt, ist in der alten Wohnung geblieben.

Wer will schon in Plastikhausen wohnen. Wollen tut Maulinas Mutter das auch nicht, sie hat eine unheilbare Krankheit und wird bald einen Rollstuhl und Plastikgriffe brauchen. Maulina versteht die Welt nicht mehr. Sie will sie gar nicht verstehen. Alles ist plötzlich anders. Mauldawien muss zurückerobert werden, dazu ist sie fest entschlossen.

Wenigstens »der Mann« muss aus ihrem ehemaligen Königreich vertrieben werden. Paul aus der neuen Schule und ihre früheren Freunde helfen ihr, ihn auszuspionieren.

Als Maulina mit ihrem Großvater, dem General für Käse, über die Krankheit ihrer Mutter spricht, erzählt er von Hummeln und wie sie lange gegen ihr Hindernis fliegen, bis sie drum herum oder mittendurch sind.

Esther Spiegel

Wir hatten tausend Namen für mich. Und Maulina hat das Rennen gemacht. Weil ich Paulina heiße und es sich reimt. Und weil ich das Maulen zur Kunst erhoben habe.

Meg Finn und die Liste der vier Wünsche

Eoin Colfer

Meg Finn hätte nie gedacht, dass sie mit Belch Brennan, dem größten Ekelpaket der Stadt, einmal ein Ding drehen würde. Dass ein gemeinsamer Einbruch beim alten Lowrie nicht so geschmeidig abläuft, wie Meg Finn es allein gemeistert hätte, war ihr von vornherein klar. Doch als der alte Lowrie plötzlich mit einer Schrotflinte vor ihnen steht, geht alles an diesem Abend schief, was hätte schiefgehen können: Ein Gastank explodiert und katapultiert Megs Seele geradewegs aus ihrem Körper heraus.

Dabei ist Meg doch erst vierzehn. Seit ihre Mutter bei einem Unfall ums Leben gekommen ist und Meg bei ihrem ätzenden Stiefvater bleiben muss, ist sie der schiefen Bahn immer näher gekommen. Diebstahl, Ärger mit der Polizei und vor Gericht auf die Mitleidsschiene setzen kann sie gut, denn Meg ist gerissen und nimmt kein Blatt vor den Mund. Und Angst hat sie erst recht nicht, noch nicht mal, als sie plötzlich körperlos durch einen leuchtenden Tunnel schwebt. Doch während Belch geradewegs in lodernde Abgründe gesogen wird, geht es für Meg zurück auf die Erde, denn ihr Punktestand ist ausgeglichen: weder Himmel noch Hölle. Also muss sie mit ihrer letzten Kraft etwas Gutes für den alten Lowrie tun. Dieser sieht in Meg die Chance, auf seine alten Tage alles wiedergutzumachen, was in seinem Leben schiefgegangen ist, und so begeben sich die beiden auf eine Reise durch ganz Irland – auf ihren Fersen Entsandte der Hölle, die Megs Seele für sich gewinnen wollen.

Elske Beckmann

Vierzehnjährige starben nicht; sie machten eine schwierige Phase durch und wurden erwachsen.

Meggie

2003

Tintenherz

Cornelia Funke

Bücher müssen mit auf Reisen kommen«, sagt die zwölfjährige Meggie. In ihnen findet sie vertraute Stimmen, Abenteuer und Trost. Ihr Vater Mo hat ihr sogar eine Schatzkiste gebaut, in der sie ihre liebsten Werke mitnehmen kann, wenn Mo und sie auf Reisen sind.

Als jedoch eines Tages der geheimnisvolle Staubfinger vor ihrer Tür steht, gerät Meggies gewohnte Welt aus den Fugen. Plötzlich tuscheln die Erwachsenen hinter verschlossenen Türen, und Mo lässt alles stehen und liegen, um ein scheinbar gewöhnliches Buch zu verstecken. Doch Meggie kommt dem Geheimnis auf die Spur: Sie erfährt, dass ihre Mutter vor neun Jahren in dem Buch *Tintenherz* verschwunden und der Feuerspucker Staubfinger daraus entstiegen ist, gemeinsam mit dem brandschatzenden Capricorn, der es nun auf Mo abgesehen hat.

Meggie liebt ihren Vater über alles, und so begibt sie sich mit Staubfinger nach Italien, als Mo von Capricorn entführt wird.

Auf einmal lauern überall Kälte und Angst. Doch Meggie ist mutig und entschlossen, und schon bald merken Capricorns Männer, dass sie das Mädchen nicht unterschätzen sollten.

Wird Meggie ihren Vater retten können? Und kann sie Staubfinger wirklich vertrauen? Was ist das für eine Welt, aus der der Feuerspucker stammt und nach der er sich so sehr zurücksehnt? Als dann auch noch Farid, der hübsche Junge aus *Tausendundeine Nacht*, auftaucht, weiß Meggie gar nicht mehr, wo ihr der Kopf steht – und ob die Welt, in der sie aufgewachsen ist, überhaupt die richtige für sie ist.

Elske Beckmann

Meggie beugte sich über das Buch in ihrem Schoß.
Die Buchstaben schienen auf den Seiten zu tanzen.
Komm heraus!, dachte Meggie.
Komm heraus und rette uns.

George

Alex Gino

Melissa könnte eigentlich ein ganz normales Mädchen sein – sie geht mit ihrer besten Freundin Kelly in die vierte Klasse, liest gerne Mädchen-Zeitschriften, liebt schöne Röcke und Make-up und findet die Jungs in ihrer Schule ziemlich blöd. Wäre da nicht diese eine Sache, die Melissa eben daran hindert, wie all die anderen Mädchen zu sein: Sie ist im Körper eines Jungen geboren.

Niemand weiß, dass sie Melissa und nicht George heißt, dass sie heimlich alte Ausgaben der *Mädchen* aus dem Papiermüll fischt, um sie unter ihrer Bettdecke zu lesen, und dass sie sich nichts mehr wünscht, als die weibliche Hauptrolle im Schultheaterstück zu spielen. Als Melissa schließlich den Mut fasst, ihr größtes Geheimnis mit ihrer besten Freundin zu teilen, unterstützt Kelly sie in ihrem Vorhaben, auf der Bühne als Mädchen aufzutreten, und freut sich darüber, endlich eine beste Freundin zu haben.

Auch Melissas Mutter und ihr großer Bruder, die sich anfangs mit dem Thema trans* schwertun, verstehen schließlich, dass Melissa trotz allem der gleiche Mensch bleibt. Nur einen kleinen Unterschied gibt es zu ihrer vorherigen Situation: Dadurch, dass sie jetzt sie selbst sein kann, ist sie viel glücklicher als vorher.

Casjen Griesel

Ein Junge sein zu müssen, ist wirklich schwer für mich.

2003

Marsmädchen

Tamara Bach

Die Augen sind ok, keine Akne, eine kleine Nase. Das ist alles, was Miriam an sich mag. Sie geht gerne alleine ins Kino, mag Filme ohne Happy End, kann den »Erlkönig« aufsagen und hat Selbstzweifel. Wenn »All I Want Is You« von U2 läuft, möchte sie weinen. Mit ihrer Mutter streitet sie über Staub im Zimmer, Füße unter dem Tisch und Treppengetrampel. Ab und zu denkt sie ans Schokoladenauspackspiel von Kindergeburtstagen und manchmal ans Studieren. Sie ist 15, irgendwie dazwischen und deshalb mittendrin. Mitten zwischen Kindheit und Erwachsensein. Sie darf nach 22 Uhr nicht alleine raus, sie darf nicht rauchen oder trinken. Sie macht es trotzdem. Denn sie fühlt sich in dieser Kleinstadt eingesperrt. Sie will endlich etwas erleben und fragt sich: »Is There Anybody Out There?«

Und dann ist da tatsächlich eine Person, die in Miriams Leben landet: Laura. Laura, die eine rote Perlenkette um den Hals trägt, selbstgedrehte Zigaretten raucht und Kaugummiautomaten plündert. Laura, die wunderschön ist, wenn sie zum Lied »Girl from Mars« tanzt; so schön und anders, dass sie selbst vom Mars zu kommen scheint. Es ist das erste Mal, dass sich Miriam richtig verliebt. Großartig fühlt es sich an, wenn sie die Großstadt erkunden und Laura sie auf der Straße küsst. Schmerzhaft ist es, wenn Laura vorbeikommen will, aber nicht auftaucht; wenn Laura ihre Hand wegzieht, weil jemand ins Zimmer kommt. Das verunsichert Miriam. Doch endlich hat sie, was sie will: Sie steckt mitten in einem richtigen Abenteuer.

Mara Schrey

**Manchmal glaube ich, bin ich die Einzige hier.
Die Einzige, die nicht schläft.
Die wach ist.**

Momo

Michael Ende

Momo ist ein unwahrscheinliches Kind. Ganz allein lebt sie in dem verlassenen Amphitheater am Rande der Stadt. Weil sie so klein und mager ist, kann man gar nicht erkennen, ob sie erst acht oder schon zwölf Jahre alt ist, und ihr wilder Lockenkopf sieht aus, als wäre er noch nie gekämmt worden. Auch ihre Kleidung ist ungewöhnlich für ein kleines Mädchen, ihr Rock ist aus lauter bunten Flicken zusammengenäht, und die Männerjacke, die sie trägt, ist viel zu groß.

Die Kinder kommen gerne zu ihr, weil man sich mit ihr die tollsten Spiele ausdenken kann. Und auch die Erwachsenen kommen immer wieder, denn Momo hat ein ganz besonderes Talent: Sie kann so gut zuhören wie niemand sonst.

Aber dann kommen die grauen Herren in die Stadt. Sie überlisten die Menschen und stehlen ihre Lebenszeit. Plötzlich ist alles anders. Niemand hat mehr Zeit für Gespräche oder Spiele.

Weil Momo den grauen Herren auf die Schliche kommt, muss sie fliehen und wird von der Schildkröte Kassiopeia zum Haus von Meister Hora geführt, wo sie erfährt, wie die Zeit in wunderschönen Stundenblumen entsteht. Gemeinsam mit ihm schmiedet sie einen Plan, um die gestohlene Zeit der Menschen zu befreien. Denn Momo will eine Welt, in der es nicht darum geht, wer am schnellsten mit allem fertig ist oder wer auf dem kürzesten Weg am meisten erreicht. Momo will eine Welt, in der Zeit für Spiele ist und für lange Gespräche, und dafür, das Leben zu genießen.

Liv K. Schlett

**Denn Zeit ist Leben.
Und das Leben wohnt im Herzen.**

Orlando

Virginia Woolf

Orlando fährt Schlittschuh auf einem Fluss mit einer russischen Prinzessin, während sier eigentlich mit anderen Adligen an einem Tisch sitzen soll. Sier hat viele Schlafzimmer mit teuren Lampen und bewundert einen Dichter, der bei Kerzenlicht schreibt. Sier will schreiben, denken und verstehen, was das Leben ist.

Das will Orlando als junger Mann, der als Botschafter für die englische Königin in eine weit entfernte Stadt reist – und will es immer noch, als sier eines Tages als Frau aufwacht.

Orlando zieht in der Wüste umher – und schreibt. Sier fährt auf einem Schiff zurück nach England – und schreibt. Dreihundert Jahre lang schreibt Orlando an einem Gedicht, bis sier findet, dass es fertig ist.

Weil Orlando erst als Mann und dann als Frau lebt, denkt sier oft darüber nach, warum zwischen Männern und Frauen so viele Unterschiede gemacht werden.

Wenn Orlando starke Gefühle hat, dann versucht sier, sie zu beschreiben. Als Orlando Liebeskummer hat, zieht sier sich in den Schmerz zurück. Als Orlando wütend wird, weil sier als Frau vieles nicht mehr so darf wie als Mann, lässt sier die Wut zu.

Wenn Orlando etwas nicht will, fügt sier sich nicht, sondern setzt sich durch. Als ein Herzog verliebt in Orlando ist und nicht lockerlässt, verwendet sier schlaue Tricks, damit er sich abwendet. Als nichts hilft, wirft Orlando mit einer glitschigen Kröte!

Orlando beobachtet die Gegenwart mit scharfen Sinnen und nimmt nichts als selbstverständlich hin. Orlando träumt wilde Träume und schreibt sich in die Geschichte ein.

Alexa Dietrich

Und in der Tat schien sie für den Augenblick zu schwanken; sie war Mann; sie war Frau; sie kannte die Geheimnisse, teilte die Schwächen beider.

Pippi Langstrumpf

Astrid Lindgren

Die Leute sagen, in der Villa Kunterbunt wohnt ein Kind ganz allein! Doch das stimmt nicht: Mit im Haus leben auch noch der Affe Herr Nilsson und ein Pferd namens Kleiner Onkel. Das Kind selbst heißt Pippi.

Pippi ist ein besonderes Mädchen. Nicht nur, weil sie die besten Pfannkuchen backen kann, sie aus der Pfanne in die Luft schleudert und auch wieder auffängt. Pippi geht nicht wie andere Kinder in die Schule; ihr sagt auch niemand, welche Bluse sie tragen soll. Sie lebt in der Villa Kunterbunt, wie es ihr gefällt! Hier dürfen Kinder alles, was sie sonst nie dürfen: die Füße auf den Tisch legen, am Treppengeländer runterrutschen, mit den Fingern essen und, und, und. Pippi hält nicht viel von Regeln, vor allem, wenn sie die Erwachsenen aufstellen. Und wenn sie etwas nicht mag, dann sagt sie einem das direkt ins Gesicht. Ab und zu flunkert sie zwar in ihren Geschichten, aber eigentlich hat Pippi ein gutes und mutiges Herz. Und wenn es sein muss, trickst sie auch mal Polizisten oder alte Damen aus, um nicht ins Heim zu müssen oder um ihren Freund*innen zu helfen. Statt immerzu traurig zu sein, weil ihre Mutter im Himmel und ihr Vater in der Südsee ist, strotzt Pippi nur so vor Energie. Damit reißt sie sogar Kinder wie Tommy und Annika mit, die sonst schrecklich brav sind.

Pippi beachtet nicht, was die Leute über sie denken. Lieber lebt sie in den Tag hinein, entgegen aller Bedenken und Ängste der Erwachsenen. So erinnert sie immer wieder daran, wie wichtig es ist, den Spaß nicht zu kurz kommen zu lassen.

Rebecca Fisch

Tommy und Annika: »Der Sturm wird immer stärker!«
Pippi: »Macht nichts. Ich auch.«

2017

Ramona Blue

Julie Murphy

m Leben von Ramona Leroux läuft es nicht so, wie sie es sich wünschen würde: Ihre alkoholsüchtige Mutter hat die Familie verlassen, nachdem der Hurrikan Katrina ihnen alles genommen hat. Seitdem arbeitet ihr Vater Tag und Nacht, um den mickrigen Wohnwagen und genügend Essen für sich und seine beiden Töchter zu finanzieren. Und jetzt ist Ramonas Schwester Hattie auch noch ungeplant schwanger und will das Kind behalten. Ganz zu schweigen von Ramonas Sommerliebe Grace, die wieder in ihr altes Leben mit ihrem festen Freund zurückgekehrt ist und sich damit ziemlich wohlzufühlen scheint.

Ramona, die wegen ihrer blauen Haare und ihrer Liebe zum Wasser nur »Ramona Blue« genannt wird, hat trotz ihres Teenageralters schon eine Vorstellung davon, wie ihre Zukunft aussehen wird: Sie wird halb-

herzig die Schule abschließen, danach für immer in ihrem Heimatort festhängen und möglichst viel arbeiten, um ihre Familie finanziell zu unterstützen, während ihre Freund*innen studieren gehen. Vielleicht wird sie irgendwann eine Frau kennenlernen und selbst mit ihr eine Familie gründen, wenn das Geld reicht – denn das Einzige, dessen Ramona sich absolut sicher ist, ist: Sie liebt Mädchen.

Zumindest denkt sie das, bis sie ihren Kindheitsfreund Freddie wiedertrifft, mit dem sie plötzlich mehr teilt als Schwimmflügel und Schnorchel. Die unerwartete Verliebtheit in Freddie entwickelt sich zu ihrem persönlichen Hurrikan, der sie dazu bringt, sich selbst und ihr Schubladendenken zu hinterfragen.

Casjen Griesel

> Ich entscheide mich für Jungen. Ich entscheide mich für Mädchen. Ich entscheide mich für Menschen. Aber das Entscheidende ist, dass ich entscheide.

Ronja Räubertochter

Astrid Lindgren

Eines Nachts, in einem dunklen Tannenwald, tobt ein fürchterlicher Sturm. In diesem Wald steht eine Burg, in der eine Räuberbande haust. Darunter sind Mattis, der Hauptmann, und seine Frau Lovis, die just in dieser Nacht ein Kind gebärt. Mit einem lauten Knall zerteilt ein Blitz die Mattisburg und Ronja, die gerade erst auf der Welt ist, wird zur jüngsten Zeugin dieses unglaublichen Ereignisses.

Ronja wird größer und darf endlich in den Wald und die Natur entdecken. Sie lernt, wie sie ihre Ängste besiegen kann, und wird mutiger. Als sie sich den Spalt in der Burg genauer anschauen will, trifft sie Birk, den Borkasohn, dessen Bande still und heimlich den anderen Teil der Burg besetzt hat. Trotz der Feindschaft der beiden Räuberbanden werden die Kinder zu engen Freunden.

Als Birk eines Tages von Mattis gefangen genommen wird, sieht Ronja keine andere Möglichkeit, als sich Borka zu stellen. Kurz bevor die Situation eskaliert, flüchten Ronja und Birk in den Wald und verstecken sich in einer Bärenhöhle. Mattis hat große Sehnsucht nach seiner Tochter. Er sucht die beiden und überredet sie, mit nach Hause zu kommen. Ein Kompromiss wird gefunden: Die Räuber schließen sich zusammen und Ronja soll Mattis' Nachfolgerin werden. Doch sie weiß nun, was es bedeutet, eine Räuberin zu sein, und lehnt ab. Lieber verbringt sie den Sommer mit Birk im Wald und erlebt noch viele Abenteuer.

Charlotte Busch

**Halt dir die Ohren zu,
denn jetzt kommt mein Frühlingsschrei.**

1812

Rotkäppchen

Brüder Grimm

Das Märchen der Brüder Grimm vom jungen Mädchen und dem bösen Wolf kennen die meisten von uns: Rotkäppchen ist auf dem Weg zur Großmutter, wird vom Wolf abgelenkt und kommt erst am Ziel an, als der Wolf schon in Großmutters Bett liegt. Er frisst auch das Mädchen, doch Großmutter und Enkelin werden von einem Jäger befreit und legen dem Wolf Steine in den Magen, sodass er ins Wasser fällt und stirbt.

Eine Rebellin ist Rotkäppchen also eigentlich nicht. Doch diese Version des Märchens ist bei Weitem nicht die einzige. Schon seit Langem werden immer wieder neue Fassungen geschrieben, auch in anderen Sprachen. Im Italienischen gibt es eine Geschichte über das Rotkäppchen, wie es sich und die Großmutter ohne die Hilfe eines Jägers selbst befreit. In einer anderen Erzählung lässt Rotkäppchen sich nicht vom Wolf ablenken, sondern warnt die Großmutter, und gemeinsam überlisten sie ihn.

Nach dem Ersten Weltkrieg entstanden immer mehr lustige Geschichten, in denen Rotkäppchen selbstständig, schlau und wortgewandt ist. Später folgten Texte wie *Pollykäppchen* (Catherine Sporr, 1955), in der die furchtlose Polly alleine den Wolf austrickst. Weitere feministische Autor*innen schrieben das Märchen um und stellten Rotkäppchen nicht länger als hilflos dar. So hat sich das Märchen im Laufe der Zeit immer wieder verändert. Heute können sich Mädchen zum Glück anders verhalten als noch vor 200 Jahren, und das moderne Rotkäppchen kann als Vorbild für Mut und Klugheit dienen.

Elske Beckmann

Oh, wo sind nur die naiven Kinder von früher, die sich so leicht fressen ließen!

1999

Das also ist mein Leben

Stephen Chbosky

Erwachsenwerden ist so vieles. Intensiv, abwechslungsreich, manchmal beängstigend vielleicht. Auf jeden Fall leichter bestreitbar mit den richtigen Menschen an der Seite.

Sam ist so einer dieser Menschen. Sie hält fest; sie gibt, wenn nötig, kleine Anstöße; ist da, noch bevor man selbst weiß, dass sie gebraucht wird. Sam findet die richtigen Worte, wenn der Schulalltag besonders grau wirkt, die richtigen Worte für tief liegenden Frust und starke Emotionen.

Sie findet die richtigen Worte, für andere, für Charlie, vor allem aber für sich selbst. »Ich will nicht nur angehimmelt werden.« – Das hat Sam nämlich gar nicht nötig. Sam sucht keine Bestätigung, weder von ihren besten Freunden, Charlie und Patrick, noch von ihren Mitschüler*innen. Die bekommt sie einzig und allein von sich selbst.

Denn wenn sie nachts mit dem Pick-up durch Tunnel fahren, Sam aufsteht, die Arme ausbreitet und den Wind an ihrer Haut spürt, weiß sie, dass wir alle etwas ganz Besonderes sind und uns das niemand nehmen kann – kein Streit mit der Familie, keine schlechte Note, kein Herzbruch, kein Mensch, der versucht, uns etwas anzutun.

Erwachsenwerden ist etwas so Schönes. Aufwühlend und bereichernd.

Man kann neue Frisuren austesten, seinen eigenen Musikgeschmack herausfinden, von Hügeln schreien oder neue Tanzbewegungen auf Partys ausprobieren.

Man darf Fehler begehen und sich anschließend selbst neu erfinden.

Man kann großartige Geschichten erleben, eigene schreiben, mit Menschen wie Sam an der Seite.

Sophie Romy

Ich will nicht nur angehimmelt werden.

Wer die Nachtigall stört

Harper Lee

Die junge Jean Louise, genannt »Scout«, trägt fast immer eine Latzhose, ist aufrichtig und mutig, leicht reizbar und prügelt sich mit Jungs, um Meinungsverschiedenheiten auszutragen. Sie lebt in den 1930er Jahren in einer verschlafenen Kleinstadt in Alabama, USA, und liebt die Sommertage, an denen sie draußen mit ihrem Bruder Jem und ihrem Freund Dill spielen kann.

Oftmals bleiben ihr die Reaktionen der Erwachsenen unergründlich. So kommt sie am ersten Schultag erschüttert nach Hause, weil die Lehrerin ihr so lange das Lesen verbietet, bis sie es im Unterricht lernen. Denn sie klettert jeden Abend, sobald ihr Vater die Zeitung aufschlägt, auf seinen Schoß und hat sich das Lesen dabei selbst beigebracht – seither gehört es so grundsätzlich zu ihrem Leben wie das Atmen.

Indem ihr Vater als Anwalt die Verteidigung eines zu Unrecht beschuldigten Schwarzen Mannes übernimmt, wird Scout mit ihrem ausgeprägten Gerechtigkeitssinn vor eine große Herausforderung gestellt. Sie muss sich der bitteren Realität von Ungleichheit, Hass und Diskriminierung gegenüber bestimmten Menschengruppen stellen, in einer Gemeinschaft, die zuvor herzlich und friedlich erschien.

Trotz dieser Erfahrungen, die ihre unbefangene Sichtweise der Welt zerplatzen lassen, verliert sie nicht den Mut und die Hoffnung. Stattdessen erkennt sie umso deutlicher, wie wichtig es ist, sich in andere Menschen hineinzuversetzen, um die Welt aus der Perspektive ihres Gegenübers zu betrachten.

Roberta Sarada Enzmann

Man kann einen anderen nur richtig verstehen, wenn man die Dinge von seinem Gesichtspunkt aus betrachtet. Ich meine, wenn man in seine Haut steigt und darin herumläuft.

Menschenkind

Toni Morrison

Manchmal muss man die Vergangenheit begraben, damit man frei in der Gegenwart leben kann, so als würde man aus einem Gefängnis fliehen, um endlich frei sein zu können. Auch Sethe flieht: vor der Sklaverei und der Plantage »Sweet Home«. Ihre drei Kinder eilen voraus, ihr viertes trägt sie noch unter dem Herzen. Als sie beinahe geschnappt wird, kann sie nicht mit der Vorstellung leben, mit ihren Kindern auf die Plantage zurückzukehren. Und so begeht sie eine schreckliche Tat.

In ihrer Gegenwart, 18 Jahre nach der gelungenen Flucht, ist Sethe eine stolze und strikte Frau, die ihre Vergangenheit verdrängt, jedoch nicht vergessen hat. Die ihren Verstand behalten hat, obwohl sie so unvorstellbares Leid erleben musste. Doch auch nach all den Jahren kann sie sich nicht von dem tief sitzenden Schmerz ihrer Tat befreien. Geblieben ist ihr nur noch das Kind, das sie damals im Bauch trug.

Als eines Tages Paul D, ebenfalls ein ehemaliger Sklave der Plantage, bei Sethe auftaucht, wird er Teil der kleinen Familie. Sethes alte Wunden reißen wieder auf, sind sie doch nie wirklich verheilt, und haben nun die Chance, wieder richtig zusammenzuwachsen. Schließlich ist Sethes Liebe, die sich hinter der kühlen und gefassten Frau verbirgt, nach all den Jahren immer noch da. Sethe ist bereit, diese Liebe zu teilen, auch mit einem scheinbar fremden Mädchen, das eines Tages vor ihrer Haustüre steht. Und so wächst ihre Familie, ihr Mut und ihre Hoffnung, die Vergangenheit endlich ruhen lassen zu können.

Juliana Brandis

**Sich selbst zu befreien ist eine Sache,
den Besitz dieses befreiten Selbst zu behaupten,
eine andere.**

Siri und die Eismeerpiraten

Frida Nilsson

Was wir tun, wird Spuren hinterlassen.

Das weiß Siri, als sie Richtung Norden aufbricht, um ihre kleine Schwester Miki den Fängen Weißbarts zu entreißen. Dieser verschleppt Kinder und lässt sie in Minen Diamanten abbauen, bis ihnen die Kraft ausgeht; er beutet Mensch und Natur aus und ist so viel bedrohlicher als all die fantastischen Wesen, die das kalte Eismeer besiedeln.

Siri nimmt alle Gefühle so an, wie sie kommen, sie lässt Traurigkeit und Verzweiflung ebenso in ihr Herz eindringen wie Hoffnung – die geht ihr niemals aus, nicht bei Kälte, niemals bei Angst. Nur deshalb schafft sie es, ein Abenteuer zu wagen, bei dessen bloßer Vorstellung sich den Erwachsenen die Eingeweide verdrehen.

Sie ist die Heldin einer nervenaufreibenden Reise; sie ist mutig, nicht weil sie mutig sein will, sondern weil sie keine andere Wahl hat, als Verantwortung zu übernehmen.

Ihr Abenteuer ist nicht geradlinig, sondern voller tiefer Meeresgräben und steiler Eisspitzen, ein Ziel selten in Sichtweite. Doch niemand kann sie so weit zurückwerfen, dass es ihr das Vertrauen in sich selbst und eine bessere Zukunft nehmen könnte. Vor ihr gibt es noch so viel zu erleben und zu spüren.

Dass die Wut im Bauch der gierigen Menschen von schmerzhaften Spuren der Vergangenheit ausgelöst wird, weiß Siri. Sie versucht mit Einfühlungsgabe, Zuneigung und der unglaublichen Nächstenliebe, die aus ihr herauszuplatzen scheint, neue Erinnerungen zu hinterlassen.

Denn eines kann sie besonders gut: Menschen zusammenbringen.

Sophie Romy

**Mach dir keine Sorgen.
Wir sehen uns schneller wieder, als du denkst.**

1991

Sofies Welt

Jostein Gaarder

»Wer bist du?« Sofie Amundsen natürlich, aber wer ist das? Ein 14-jähriges Mädchen, das in Norwegen ein normales Leben führt? Noch ein Kind, oder schon erwachsen? Und überhaupt: Könnte sie jemand anderes sein, wenn sie einen anderen Namen hätte?

Sofies Leidenschaft für Philosophie beginnt mit dieser ersten simplen Frage, die sie in einem geheimnisvollen Briefumschlag findet. Viele weitere Briefe folgen, die Sofies Welt allmählich ins Wanken bringen. Der Absender: Alberto Knox. Ein schräger älterer Kauz, der sich einfach so zu Sofies Philosophielehrer ernannt hat und sie aus der Reserve lockt. Nach und nach erklärt er ihr all die Ideen und Theorien von Sokrates, Aristoteles und Co. Mit diesem neuen Wissen lernt Sofie die Grenzen ihrer eigenen Welt kennen und stellt fest, dass die Erwach-senen, wie in einem Dornröschenschlaf, ihr Alltagsleben verschlafen.

Doch während Sofie immer tiefer in die Geheimnisse der Philosophie vordringt, häufen sich mysteriöse Ereignisse um sie herum: Ihr Spiegelbild blinzelt ihr zu, und sie erhält rätselhafte Postkarten aus der Zukunft. Sofie versteht langsam, dass etwas Unfassbares, Großes dahintersteckt. Sie und alles, was sie umgibt, werden von einer unsichtbaren Macht gelenkt.

Um sich aus dieser Kontrolle zu befreien, stellt Sofie sich mutig jenen großen Fragen, die ihr Dasein betreffen: Ist ihre Welt nur ein Traum? Ist sie selbst etwa Teil des Bewusst-seins eines anderen Wesens? Und nicht zuletzt: »Wer bin ich?« Sofie Amundsen?

Linda Ludwig

Die Fähigkeit, uns zu wundern, ist das Einzige, was wir brauchen, um gute Philosophen zu werden.

Sprotte, Trude,
Frieda, Wilma, Melanie

1993–2003

Die Wilden Hühner

Cornelia Funke

Es ist gar nicht so einfach, erwachsen zu werden. Umso schöner ist es, wenn man den Herausforderungen des Lebens gemeinsam gegenübertreten kann und dabei noch jede Menge Abenteuer erlebt – so wie Sprotte, Trude, Frieda, Wilma und Melanie.

Die Wilden Hühner sind eine eingeschworene Bande. Jedes der Mädchen trägt eine Hühnerfeder um den Hals, doch ansonsten könnten sie nicht unterschiedlicher sein: Sprotte, das »Oberhuhn«, ist hin und wieder ein ziemlicher Sturkopf und geht ihren eigenen Weg, der sie oft zu den Hühnern ihrer Oma führt. Frieda, Sprottes beste Freundin, genießt es besonders, wenn die Wilden Hühner in ihrem gemütlichen Wohnwagen sitzen und Pläne schmieden. Wenn es mal Streit gibt, sorgt sie zusammen mit Trude, der guten Seele der Bande, für einen engen Zusammenhalt. Melanie hat einen ausgeprägten Gerechtigkeitssinn, das ist für die anderen manchmal ganz schön anstrengend. Und dann ist da noch »Pistolenhuhn« Wilma: Wenn sie nicht gerade auf der Theaterbühne steht, heckt sie mit den anderen Mädchen einen Plan aus, wie sie den Pygmäen, der Jungenbande der Klasse, eins auswischen können. Denn die Jungs spielen den Wilden Hühnern gern mal einen Streich. Doch die Freundinnen halten immer zusammen, waten nächtelang durch schlammige Wiesen oder erobern das Baumhaus der Pygmäen.

Ob Hühner retten, Langeweile in der Schule oder Liebeskummer: Die Wilden Hühner gehen gemeinsam durch alltägliche Höhen und Tiefen und lassen sich dabei nicht unterkriegen.

Marlen Apel

Wisst ihr, was ich mir vorstelle? Dass man so eine schöne Zeit einfach in ein Marmeladenglas steckt. Und wenn man unglücklich ist, dreht man es auf und schnuppert dran.

2017

The Hate U Give

Angie Thomas

Starr Carters Leben hat zwei Seiten: Einerseits ist sie die »Tochter von Big Mav«, die in Garden Heights, dem »Ghetto«, wie *weiße* Menschen es nennen, lebt. Dort hat sie mit Banden, Kriminalität und Drogen, aber auch mit Zusammengehörigkeit und Familie zu tun. Dann gibt es die Starr, die auf eine *weiße* Schule mit reichen Mitschüler*innen geht, die in Villen wohnen. Noch dazu datet sie einen *weißen* Jungen. Hier muss sie darauf achten, wie sie spricht, muss aufpassen, keinen Streit anzufangen und nie zu viel von der wahren Starr zu zeigen, um nicht als »Wütendes Schwarzes Mädchen« oder »Ghetto« zu gelten.

Mit zehn war Starr dabei, als ihre beste Freundin auf offener Straße erschossen wurde. Sechs Jahre später sitzt sie auf dem Beifahrersitz, als ihr bester Freund Khalil von einem Polizisten erschossen wird, weil dieser ihn wegen seiner Hautfarbe für einen Kriminellen hält und sich grundlos von ihm bedroht fühlt. Die Berichte in den Medien, die vor allem von *weißen* Menschen stammen, schlagen sich auf die Seite des Polizisten und stellen Khalil als Drogendealer und Bandenmitglied dar – Lügen, denn Starr kennt den echten, hilfsbereiten, liebenswerten Khalil.

Nach Khalils Tod wird Starr zur Kämpferin und hat unglaublich viel Mut. Sie beweist sich gegen rassistische Freundinnen, geht mit dem Medienzirkus und Falschaussagen um und findet sich inmitten von Aufständen und Bandenkriegen wieder. Sie wird zum Vorbild und zum Gesicht des Protests gegen rassistische Polizeigewalt.

Casjen Griesel

Mutig sein bedeutet nicht, dass du keine Angst hast, Starr.
Es bedeutet, dass du was tust, obwohl du Angst hast.
Und genau das machst du.

Lady Punk

Dagmar Chidolue

Terry Burger, Börger! Passt dir nicht? Mir egal. Übern Ku'damm.

Rauchen, gefärbte Haare – Terry weiß, wie man die Aufmerksamkeit auf sich zieht.

Bei McDonald's bestellt sie sich ein Vier-Gänge-Menü. Mit Cola. Manchmal kauft sie für andere eine mit. Cola gegen Gefallen. Klarer Deal. Terry ist eine Fadenspinnerin, die weiß, wie sie bekommt, was sie will.

Sie lebt mit ihrer Mutter und Oma Lieschen zusammen in Berlin, im noblen Charlottenburg. Ab und an ist einer dieser Freunde ihrer Mutter da. Zurzeit Hugo. Den nennt Terry bewusst nur »Onkel Hugo«. Das bringt die Mutter so richtig auf die Palme, und das ist, was Terry so unglaublich liebt. Terry kennt die Regeln und bricht sie alle. Ständige Provokation. Lilarot, kanariengelb. Alles, was die Mutter nie tragen würde.

Wenn die Mutter etwas macht, macht Terry das Gegenteil. Schon aus Prinzip.

Sie hasst es, dass ihre Mutter so abhängig von allem ist. Den Onkels, der Reinemachfrau mit Zwiebelgeruch, den Pillen. Terry schwört sich, nie so zu sein. Viel lieber will sie sein wie ihr Vater. C. W. Burger steckt immer als Foto in ihrer Hosentasche. Aber eben nur als Foto. Ihre Rettung aus der verkorksten Welt.

Auch wenn Oma Lieschen sie nicht immer versteht, eines hat Terry von ihr gelernt: Mit Geld kann man alles lösen. Denn die Oma schwimmt im Geld. Nur Liebe kann man sich nicht kaufen, aber immerhin kann man mit Rouge und Kajal erwachsen aussehen. Fast wie siebzehndreiviertel – und manchmal, da reicht das schon.

Meret Buchholz

Manchmal hatte Terry den Wunsch, diese ganze Welt zu zerschlagen, und manchmal, auch das verstand sie nicht, fühlte sie sich so froh, dass sie dachte, sie würde platzen.

Buddenbrooks

Thomas Mann

Das Sonnengelb, in dem ihr Zuhause erstrahlt, gefällt der kleinen Tony besonders gut, so sonnengelb wie der Getreidehandel ihres Vaters.

Tony mag Luxus und Prunk, ihr Kopf, stets nach oben gereckt, ist sich jedes Erfolgs sicher. Wohin Tony spaziert, ist sie keine Prinzessin, sondern eine Königin.

Am allerwichtigsten ist Tony allerdings die Familie. Bald verlobt sie sich mit Grünlich – unsympathischer Kerl. Die Verlobung macht die selbstbewusste Tony ganz krank, weshalb sie nach Travemünde reist, zum Gesundwerden. Beim Gesundwerden hilft ihr Morten: Täglich genießen die beiden lange Spaziergänge miteinander und tauschen ihr Wissen aus. Morten erzählt ihr von der Welt außerhalb der sonnengelben Gardinen, fernab von Luxus und Dienstmädchen. Schnell verlieben sich die beiden, aber im Leben klappt nicht alles.

Tony bringt in ihrer unglücklichen Ehe eine Tochter zur Welt: Erika. Aber Tony kann auf sich alleine aufpassen und braucht niemand anderen, um sich zu retten; sie verlässt Grünlich und zieht gemeinsam mit Erika zurück zu den sonnengelben Gardinen ihrer Familie.

Tony ist eine stolze Frau, nicht einfach unterzukriegen.

Sie hat keine Angst, Tränen zu vergießen. Tony weiß: Gefühle machen einen unglaublich stark, niemals schwach; Gefühle helfen ihr, aus den eigenen Fehlern zu lernen.

Denn selbst wenn das Leben oft schwer ist, sie in saure Äpfel beißen muss, Tony schwebt immer einige Zentimeter über dem Boden.

Sie ist zufrieden mit sich selbst: eine vom Leben gestählte Frau.

Sophie Romy

> Gewiss, ich habe das Leben kennengelernt ... aber gerade darum ist es eine etwas trübe Aussicht für mich, hier nun immer zu Hause sitzen zu müssen wie ein dummes Ding.

2002

Die Wilden Fußballkerle

Joachim Masannek

Wie soll ich den Jungs der E-Jugend nur beweisen, dass ich es verdient habe, die erste Frau in der Männernationalmannschaft zu sein, obwohl ich bei den Holsteiner Fußballschwalben spiele, die nur im Weg rumstehen? Drei Jahre lang beschäftigte mich diese Frage, und dann, kurz vor meinem neunten Geburtstag, wurde das alles unwichtig. Ich zog nach München, und meine Chance, mich zu beweisen, existierte nicht mehr. Stattdessen gab es ein neues Problem: Wie zeige ich einem Haufen Jungs, die sich die »Wilden Fußballkerle« nennen, dass sie mich ganz dringend in ihrem Team brauchen?

Eigentlich müsste die Tatsache, dass ich definitiv die beste Fußballerin bin, reichen; tut es aber nicht, weil die Wilden Kerle denken, ein Mädchen hat bei ihnen nichts zu suchen. Leon, der Anführer dieser eingebildeten Kicker-Monster, kann mich so wenig leiden wie meine Oma Fußball. Das Ganze wird nur noch von seinem Bruder Marlon übertroffen, für ihn bin ich so was wie strömender Regen in den Sommerferien. Die anderen Kerle tun so, als hätten sie noch nie ein Mädchen gesehen, vor allem Fabi; er starrt mich an, als ob ich Weihnachtsmann und Osterhase in einer Person wäre. Doch mein Papa hat die rettende Idee: ein Geburtstagsfußballturnier. Was mit rosa Pumps – dem Geschenk der Wilden Kerle an mich und eine absolute Gemeinheit! – anfängt, soll auch mit diesen enden. Denn damit werde ich sie auf den Mond schießen und danach direkt in die Hölle, dafür lege ich meine beiden Beine ins Feuer, verflixt und zugenäht!

Nina Köhler

**Auch wenn du nur ein Mädchen bist, bist du ...,
bist du ein echt wilder Kerl.**

Das Mädchen Wadjda

Hayfa Al Mansour

Wadjda ist ein Mädchen. Deshalb muss sie in ihrer saudi-arabischen Heimatstadt Riad eine Kopfbedeckung namens Niqab tragen. Es kommt nicht selten vor, dass ihr der Stoff vom Kopf rutscht und Strähnen ihres unordentlichen Haars freigibt. Zum Missfallen von Ms Hussa, der gefürchteten Rektorin ihrer Mädchenschule. Auch die Buttons auf ihrem Schulrucksack und die löchrigen, ausgeblichenen Chucks behagen der Rektorin ganz und gar nicht. Stattdessen soll Wadjda Lederschuhe tragen und sich wie die anderen Mädchen ihrer Klasse benehmen.

Nicht nur die Schule macht ihr zu schaffen. Wadjda ist neidisch auf ihren besten Freund Abdullah, weil er als Junge viel mehr darf als sie. Eislaufen zum Beispiel, oder mit den anderen Jungen spielen.

Ein grünes Fahrrad wird zu ihrem großen Traum. Es interessiert sie dabei nicht, dass sie als Mädchen überhaupt nicht Fahrrad fahren darf. Um die dafür benötigten 800 Riyal zu beschaffen, bastelt sie Armbänder in den Farben beliebter Fußballvereine und verkauft diese zusammen mit Süßigkeiten auf dem Schulhof. Sie bringt sogar eine gestohlene Antenne auf ihrem Dach an, um Lieder aus aller Welt hören zu können und diese auf Musikkassetten zu spielen. Mit ihrem »Supermix«, wie sie ihn nennt, verdient sie ganze zehn Riyal. Als auch das nicht reicht, meldet sie sich für den Koranwettbewerb ihrer Schule an, um sich endlich das Fahrrad kaufen zu können. Wird sie sich schon bald auf den Sattel schwingen und sogar Abdullah überholen?

Franziska König

In der Ferne konnte sie immer noch die Jungen auf
ihren Fahrrädern sehen, so fröhlich und frei.
»Ich werde auch eins haben!«, sagte Wadjda laut.
Es klang wie ein Schlachtruf.

Peter Pan

J.M. Barrie

Wendy Darling erzählt ihren kleinen Brüdern oft Geschichten, die so lebhaft sind, wie es kaum jemand hinkriegt. Das findet auch Peter Pan, der Junge, der fliegen kann und in Nimmerland wohnt, wo Kinder nie erwachsen werden. Eines Nachts kommt er am Fenster der Darling-Kinder vorbei und hält an, weil er Wendy erzählen hört. Als die wachsame Hündin Nana den Jungen verscheucht, verliert er unglücklicherweise seinen Schatten. Am nächsten Abend kehrt Peter zurück, um ihn wieder einzusammeln. Doch das ist gar nicht so einfach! Aus lauter Verzweiflung fängt er an zu weinen und weckt damit Wendy, worauf sie ihm den Schatten einfach an die Füße näht. Peter ist fasziniert von Wendy und möchte, dass sie mit nach Nimmerland zu den verlorenen Jungs, einer Gruppe wilder Kinder, kommt.

Dort ist sie für alle da und erzählt spannende Gutenachtgeschichten. Oh, wie die Jungs ihre Geschichten lieben! Mit ihrer Fürsorge wird sie zum Fels in der Brandung – vor allem für Peter Pan. Doch die Zuwendung, die sie den Jungs gibt, erinnert Wendy an ihre eigene Mutter. Nach und nach bekommt sie Heimweh. Sie möchte zurück zu ihren Eltern. Zwar hat sie sich gern gekümmert, aber sie weiß, dass die Kinder in Nimmerland eine echte Mutter brauchen und kein Mädchen, das diese nur spielt. Deshalb nimmt sie die verlorenen Jungs kurzerhand mit nach Hause.

Wendy ist keine typische Rebellin. Aber sie besitzt die Stärke und den Mut, aus ihrem behüteten Zuhause an einen fremden Ort zu reisen, um dort für andere da zu sein.

Dimitra Harlis

»Wenn ihr wüsstet, wie groß die Liebe einer Mutter ist«, erklärte Wendy triumphierend, »dann hättet ihr keine Angst.«

2000

Herr der Diebe

Cornelia Funke

Wespe, die wegen ihres langen, stachelartigen Zopfes so genannt wird, möchte ihren wahren Namen nicht verraten und auch nichts über die Familie, bei der sie nicht mehr lebt.

Sie hat gemeinsam mit anderen Kindern Unterschlupf in einem alten Kino in Venedig gefunden. Der Anführer der Gruppe, Scipio, wird auch »Herr der Diebe« genannt. Er hat das Kino ausfindig gemacht und versorgt Wespe und die anderen mit allem, was sie zum Überleben brauchen – durch seine Diebstähle.

Irgendwann trifft Wespe auf Prosper und Bo. Die beiden sind vor ihrer Familie davongerannt, weil diese die Brüder trennen wollte. Wespe bringt sie mit ins Versteck, und von da an gehören sie dazu.

Außer Wespe sind alle in der Bande Jungs. Scipio behandelt Wespe deshalb anders als die anderen. Doch Wespe lässt sich nicht einschüchtern. Sie ist hartnäckig genug, um sich durchzusetzen, und überzeugt die anderen am Ende immer mit ihren vernünftigen Argumenten.

Wespe sammelt Bücher, die sich wie Hauswände um ihre Matratze auftürmen. Aus denen liest sie abends vor, wenn die Dunkelheit im großen, leeren Kinosaal immer mächtiger wird. Sie zündet Kerzen an und füllt den Raum mit ihrer Stimme, bis alle eingeschlafen sind.

Als die Situation zunehmend brenzliger wird, weil Prosper und Bo gesucht werden, verhindert sie, dass die beiden die Gruppe verlassen: »Wir sind doch jetzt so etwas wie eine Familie«, sagt sie.

Wespe hält alle zusammen. Deshalb ist sie die eigentliche Anführerin der Gruppe.

Selene Mariani

Alles Blödsinn. Wo willst du denn hin?
Wir gehören doch zusammen. Euer Ärger ist unser Ärger.

Insel der blauen Delfine

Scott O'Dell

Won-a-pa-lei, das heißt »das Mädchen mit dem langen schwarzen Haar«, lebt auf der Insel der blauen Delfine, als einziger Mensch, aber mit ihrem Hund Rontu. Sie verliert nie die Hoffnung, dass eines Tages ein großes Segelschiff kommen wird, um sie abzuholen und mit ihrer Familie zu vereinen.

Vor langer Zeit ist ihr ganzer Stamm unabsichtlich ohne sie abgefahren. Seitdem muss Won-a-pa-lei lernen, stark zu sein. Alleine muss sie für ganz andere Dinge Mut aufbringen, als sie es gewohnt war. Unbeobachtet ist es zwar einfacher, sich über die Bräuche des eigenen Stammes hinwegzusetzen, doch das reicht nicht, um eine gute Jägerin zu sein und ganz alleine klarzukommen. Noch schwieriger ist es für sie, ihren ärgsten Feinden zu vergeben: den Aleütern, die ihren Vater, den Häuptling, getötet und damit Won-a-pa-leis Stamm zur Flucht gezwungen haben. Und dem wilden Hund mit den großen gelben Augen, der ihren Bruder auf dem Gewissen hat.

Doch das Alleinsein hat auch seine schönen Seiten: Jeden Tag entdeckt Won-a-pa-lei ihr Zuhause neu, pflegt verletzte Tiere und freundet sich mit ihnen an, näht sich die schönsten Kleider, umrundet im Kanu die friedliche Insel mit dem weiß glitzernden Strand oder horcht in die Weite des Meeres hinein. Won-a-pa-lei gibt nicht auf und bleibt zuversichtlich. Mit den Tieren an ihrer Seite meistert sie dieses besondere Leben.

Anna Gölz

Denn Tiere und Vögel sind wie Menschen,
mögen sie auch nicht die gleiche Sprache sprechen
oder die gleichen Dinge tun wie wir.
Ohne sie wäre die Erde ein freudloser Ort.

1941

Die rote Zora und ihre Bande

Kurt Held

Zora ist nicht nur ein einfaches Waisenmädchen auf den Straßen von Senj an der kroatischen Küste. Sie ist nicht einmal nur ein starkes Mädchen mit feuerroten Haaren, das eine ganze Bande Kinder anführt.

Nein, die rote Zora ist die Anführerin der Uskoken, und sie weiß genau, was Gerechtigkeit bedeutet. Ungerecht ist es, ein Kind alleinzulassen. Ungerecht ist es, wenn die Stadtjungen einen wehrlosen Hirten prügeln. Ungerecht ist es auch, wenn die reiche Fischereigesellschaft einem alten Fischer seine Fischgründe wegnehmen will. Zora ist kein Mädchen, das Ungerechtigkeiten hinnimmt. Darum rettet sie den unschuldigen Branko aus dem Gefängnis und nimmt ihn mit zu den Uskoken.

Zora und ihre Bande halten zusammen, was immer auch kommt. Sie helfen sich gegenseitig und den Menschen, die ihnen wichtig sind. Gemeinsam kümmern sie sich um Nahrung und verteidigen ihre Burg. Sie helfen dem alten Fischer Gorian und schenken schließlich dem stoffeligen Bürgermeister einen toten Hund als Zeichen für sein Versagen.

Zora ist entschlossen, tapfer und lässt keine Feigheit durchgehen. Für ihre Freund*innen steht sie immer ein, selbst wenn es mal Streit gibt.

Obwohl Zora sich an ihren Ehrenkodex hält, gilt ihre Bande in den Augen der Stadtbewohner*innen als kriminell. Die Bande wird geschnappt, und jedes Kind kommt in eine andere Familie. So sollen die Uskoken aufgelöst werden. Aber davon lässt Zora sich nicht aufhalten und gründet die Bande neu, dieses Mal im Geheimen.

Die Uskoken sind tot – es leben die Uskoken!

Sancia Fischbein

Solange einen die Beine noch tragen, soll man ausreißen, und solange sie uns noch nicht am Kragen haben, können wir ihnen auch noch entkommen.

Meine Bücherheldinnen

Wer sind deine Lieblingsrebellinnen?

_____

_____

_____

_____

_____

_____

_____

_____

_____

_____

_____

_____

Meine
Bücherheldinnen

Book Rebels – so haben wir unser Buch genannt. All diese Mädchen und jungen Frauen, von denen ihr jetzt so viel gelesen habt, haben sich Schriftsteller*innen ausgedacht. Vielleicht habt ihr beim Lesen überlegt, was diese Mädchen stark macht, wogegen sie rebellieren, woher sie ihre Kraft nehmen und was sie ausrichten können. Vielleicht habt ihr in den Büchern, aus denen unsere Rebellinnen kommen, noch einmal nachgelesen oder sie ganz neu kennengelernt. Das hoffen wir jedenfalls! Aber vielleicht habt ihr auch manchmal gedacht: Das sind ja nur Rebellinnen aus Papier. Alles spielt sich doch nur in den Köpfen ab – in den Ideen der Schriftsteller*innen, in den Träumen der Leser*innen, in den Bildern der Zeichnerin. Stimmt. Aber ich glaube nicht an das »nur«. Ich glaube, dass das Wichtige in unseren Köpfen passiert. Sonst ändert sich nämlich gar nichts. Und deswegen wollte ich, wollten wir dieses Buch machen.

Auch wenn Mädchen, Frauen, queere und trans*-Menschen heute zum Teil bessere Möglichkeiten haben als früher, werden sie trotzdem immer noch systematisch benachteiligt, unterdrückt, verletzt und umgebracht. Menschen, die alles so lassen wollen, wie es angeblich »immer war«, behaupten immer noch, Mädchen und Frauen müssten sanft, hübsch, brav, anschmiegsam, sexy sein. Aber wer legt fest, was das heißen soll? Wer sagt uns, was schön und wer sexy ist? Wer hat zu bestimmen, wie wir leben können, in Beziehungen, in der Liebe, in Familien und in Gruppen? In unseren Köpfen halten wir uns an Vorstellungen fest, die man uns beigebracht hat – und es sind immer wieder die gleichen, so starr, wie in Beton gegossen. Die findet man auch in den Büchern, denn die Literatur weiß oft nicht mehr als wir. Aber man kann auch davon erzählen, wie es ganz anders sein könnte. Wo die Grenzen sind. Und wie man sie überwinden könnte. Oder wie man scheitert und trotzdem den Mut nicht verliert.

Ich glaube, dass die Bücher, um die es hier geht und die wir gemeinsam ausgesucht haben, kleine Löcher in unseren Kopfbeton bohren können. Fünfundsiebzigmal sind wir eingeladen, uns die Welt ein bisschen anders vorzustellen – oder uns Gefährtinnen an die Seite zu holen, die etwas weniger Angst haben als wir, etwas klarer sehen, etwas mutiger sind. Oder die auch einfach nur ganz ähnlich wie wir leben – aber indem wir davon lesen, was diese Mädchen erleben, verstehen wir vielleicht unsere eigenen Erfahrungen etwas besser. Wir sehen, wie sie sich zusammentun zu Banden, wie sie den Männern und den Mächtigen (leider oft das Gleiche) widersprechen, wie sie ihren Weg erst finden und dann auch gehen, und was sie sich einfallen lassen, um sich zu wehren. Das passiert alles im Kopf – und das ist, finde ich, schon eine ganze Menge.

Weil all diese Rebellinnen nun in einem Buch versammelt sind, gehören sie – wenigstens ein Buch lang – irgendwie zusammen. Das gilt auch für die Leute, die dieses Buch gemacht haben. Jede und jeder hatte andere Book Rebels im Kopf – und nur, weil wir gemeinsam gesucht, überlegt, verglichen, erzählt und geschrieben haben, konnte dieses Buch entstehen. Für mich ist das etwas Besonderes in einer Gesellschaft, in der wir uns dauernd vergleichen und bekämpfen, in der wir uns darin üben, die anderen zu überholen und zu übertreffen. Bei diesem Buch war das anders. Und dafür danke ich nicht nur allen Beteiligten in und um den Hanser Verlag – für die Idee und die Besuche in Hildesheim, die Koordination und Unterstützung, die kreative Umsetzung und die farbenfrohen Rebellinnen –, sondern vor allem all denjenigen Book Rebels, die dieses Buch geschrieben und mir viele neue Gefährtinnen geschenkt haben, die ich vorher nicht im Kopf hatte. Es hat sich schon etwas geändert! Danke euch.

Annette Pehnt

Quellen

Die Zitate und Informationen über die literarischen Heldinnen stammen aus den folgenden Ausgaben:

Agatha Christie: *Das Schicksal in Person. Ein Fall für Miss Marple.* Atlantik Verlag, Hamburg, 2016.

Alex Gino: *George.* FISCHER Kinder- und Jugendtaschenbuch, Frankfurt a. M., 2019.

Alice Walker: *Die Farbe Lila. Das Buch zum Film.* Rowohlt Taschenbuch, Hamburg, 1995.

Angie Thomas: *The Hate U Give.* cbt, München, 2018.

Antje Wagner: *Hyde.* Beltz & Gelberg, Weinheim, 2018.

Astrid Lindgren: *Madita.* Verlag Friedrich Oetinger, Hamburg, 1992.

Astrid Lindgren: *Pippi Langstrumpf.* Verlag Friedrich Oetinger, Hamburg, 2008.

Astrid Lindgren: *Ronja Räubertochter.* Verlag Friedrich Oetinger, Hamburg, 1981.

Charlotte Brontë: *Jane Eyre.* Coppenrath, Münster/Westfalen, 2018.

Chimamanda Ngozi Adichie: *Blauer Hibiskus.* FISCHER Taschenbuch, Frankfurt a. M., 2020.

Christa Wolf: *Kassandra.* Suhrkamp, Berlin, 2010.

Christine Nöstlinger: *Die Feuerrote Friederike.* dtv junior, München, 2009.

Clive Staples Lewis: *Die Chroniken von Narnia. Prinz Kaspian von Narnia.* Ueberreuter, Berlin, 2018.

Cornelia Funke: *Die Wilden Hühner auf Klassenfahrt.* Cecilie Dressler Verlag, Hamburg, 2008.

Cornelia Funke: *Herr der Diebe.* Cecilie Dressler Verlag, Hamburg, 2000.

Cornelia Funke: *Tintenherz.* Cecilie Dressler Verlag, Hamburg, 2003.

Dagmar Chidolue: *Lady Punk.* Beltz & Gelberg, Weinheim, 1998.

David Levithan: *Letztendlich sind wir dem Universum egal.* S. FISCHER, Frankfurt a. M., 2016.

Emmy von Rhoden: *Der Trotzkopf. Eine Pensionsgeschichte für erwachsene Mädchen.* Gustav Weise Verlag, Stuttgart, 1885 (66. Auflage).

Eoin Colfer: *Meg Finn und die Liste der vier Wünsche.* List, Berlin, 2005.

Erich Kästner: *Das doppelte Lottchen.*
Atrium, Zürich, 1949.

Federica de Cesco: *Der rote Seidenschal.*
Arena, Wurzburg, 2013.

Finn-Ole Heinrich: *Die erstaunlichen
Abenteuer der Maulina Schmitt. Mein
kaputtes Königreich.* Carl Hanser Verlag,
München, 2013.

Frances Hodgson Burnett: *Der geheime
Garten.* Gerstenberg, Hildesheim, 1987.

Frida Nilsson: *Siri und die Eismeerpiraten.*
dtv Reihe Hanser, München, 2019.

Gudrun Pausewang: *Die Wolke.* Süddeutsche
Zeitung: Junge Bibliothek, München, 2005.

Hans Christian Andersen: *Die Schnee-
königin – ein Märchen in sieben Geschichten.*
In: Härtling, Peter (Hg.): *Die schönsten
Märchen.* Aufbau Verlag, Berlin, 2009.

Harper Lee: *Wer die Nachtigall stört.*
Rowohlt, Hamburg, 2015.

Hayfa Al Mansour: *Das Mädchen Wadjda.*
cbt, München, 2017.

Irmgard Keun: *Das kunstseidene Mädchen.*
Ullstein Taschenbuch, Berlin, 2011.

Isabel Abedi: *Hier kommt Lola.* Loewe,
Bindlach, 2004.

Jacob Grimm/Wilhelm Grimm: *Grimms
Märchen. Vollständige Ausgabe.* Anaconda,
München, 2015.

James Matthew Barrie: *Peter Pan.*
Anaconda, München, 2013.

Jane Austen: *Stolz und Vorurteil.* dtv,
München, 2015.

Jane Gardam: *Weit weg von Verona.* Hanser
Berlin, Berlin, 2018.

Jean Webster: *Daddy Langbein.* Anaconda,
München, 2018.

Joachim Masannek: *Die Wilden Fußballkerle. Vanessa, die Unerschrockene.* dtv
junior, München, 2003.

Jodi Picoult: *Beim Leben meiner Schwester.*
Piper, München, 2006.

Johann Wolfgang von Goethe: *Iphigenie auf
Tauris.* Suhrkamp, Berlin, 2011.

Johanna Spyri: *Heidis Lehr- und Wander-
jahre.* Zürich, 1978. Abrufbar unter:
http://www.zeno.org/nid/20005707072.

Johanna Spyri: *Heidi kann brauchen, was es
gelernt hat.* Zürich, 1978. Abrufbar unter:
http://www.zeno.org/nid/20005707226.

John Green: *Eine wie Alaska.* dtv Reihe
Hanser, München, 2014.

Jostein Gaarder: *Sofies Welt.* Carl Hanser
Verlag, München, 2008.

Judith Kerr: *Als Hitler das rosa Kaninchen
stahl.* Ravensburger, Ravensburg, 1980.

Julie Murphy: *Ramona Blue.* FISCHER FJB,
Frankfurt a. M., 2019.

Kai Meyer: *Die Wellenläufer.* Heyne,
München, 2009.

Käthe Recheis: *Lena.* dtv pocket, München,
1993.

Khaled Hosseini: *Tausend strahlende
Sonnen.* FISCHER Taschenbuch, Frankfurt
a. M., 2014.

Kurt Held: *Die rote Zora.* Sauerländer,
Düsseldorf, 2007. Neuausgabe mit Cover
von Felicitas Horstschäfer: Sauerländer,
2021.

Lewis Carroll: *Alice im Wunderland.* insel
taschenbuch, Berlin, 1998.

Louisa May Alcott: *Betty und ihre
Schwestern.* Gerstenberg, Hildesheim, 1997.

Lucy Maud Montgomery: *Anne auf Green Gables*. Loewe, Bindlach, 1987.

Lyman Frank Baum: *Der Zauberer von Oz*. Artia Verlag, Hanau, 1999.

Markus Zusak: *Die Bücherdiebin*. Blanvalet, München, 2009.

Meg Wolitzer: *Die Ehefrau*. DuMont, Köln, 2016.

Michael Ende: *Momo*. Thienemann, Stuttgart, 2018.

Neil Gaiman: *Coraline*. Arena, Würzburg, 2003.

Otfried Preußler/ Hans Bödecker: *Die kleine Hexe*. Schroedel, Hannover, 1963.

Pamela Lynwood Travers: *Mary Poppins*. Cecilie Dressler Verlag, Hamburg, 2015.

Philip Pullman: *Der Goldene Kompass*. Carlsen, Hamburg, 1996.

Roald Dahl: *Matilda*. Rowohlt Taschenbuch, Hamburg, 2019.

Sarah J. Maas: *Throne of Glass. Die Erwählte*. dtv, München, 2013.

Scott O'Dell: *Insel der blauen Delfine*. dtv junior, München, 2004.

Sophokles: *Antigone*. Reclam, Ditzingen, 2013.

Stephen Chbosky: *Das also ist mein Leben*. Heyne, München, 2011.

Suzanne Collins: *Die Tribute von Panem. Flammender Zorn*. Verlag Friedrich Oetinger, Hamburg, 2011.

Tamara Bach: *Marsmädchen*. dtv, München, 2009.

Theodor Fontane: *Effi Briest*. Eduard Kaiser Verlag, Klagenfurt, 1982.

Thomas Mann: *Buddenbrooks. Verfall einer Familie*. FISCHER Taschenbuch, Frankfurt a. M., 2008.

Toni Morrison: *Menschenkind*. Rowohlt Taschenbuch, Hamburg, 2007.

Truman Capote: *Frühstück bei Tiffany*. Goldmann, München, 2006.

Virginia Woolf: *Orlando*. Eine Biographie. FISCHER Taschenbuch, Frankfurt a. M., 1992.

William Shakespeare: *Romeo und Julia*. Hamburger Lesehefte Verlag, Husum, 2013.

Witi Ihimaera: *Whalerider*. Rowohlt Repertoire, Hamburg, 2018.

Wolfgang Herrndorf: *Bilder deiner großen Liebe. Ein unvollendeter Roman*. Rowohlt Berlin, Berlin, 2014.

Wolfgang Herrndorf: *Tschick*. Rowohlt Taschenbuch, Hamburg, 2012.

Das Zitat zu Rotkäppchen ist frei übersetzt aus dem Französischen und stammt aus: Le Petit Chaperon Vert *in:* Pierre-Henri Cami: *L'homme à la tête d'épingle. Éditions Flammarion, Paris, 1914.*

Glossar

Mit **Anschluss** ist die Eingliederung Österreichs in das nationalsozialistische Deutsche Reich gemeint. Im März 1938 marschierten deutsche Wehrmachtstruppen in Österreich ein, schon wenige Tage später verkündete Adolf Hitler den »Anschluss« Österreichs. Fortan zählte es zum Deutschen Reich. Erst mit dem Ende des Zweiten Weltkriegs (1939–1945) erlangte Österreich seine Unabhängigkeit.

Der Begriff **Diskriminierung** geht auf das lateinische »discriminare« zurück, was so viel bedeutet wie »trennen« oder »unterscheiden«. Diskriminierung beschreibt die unterschiedliche Behandlung von Menschen, wobei meist ein Mensch oder eine Gruppe diskriminiert wird, während ein anderer Mensch oder eine andere Gruppe Vorteile dadurch hat. Besonders häufig ist Diskriminierung aufgrund des Geschlechts (dann spricht man auch von Sexismus), der Hautfarbe und/oder Herkunft (Rassismus), der sexuellen Orientierung, der Religion oder des Alters.

Feministisch ist etwas, das den Feminismus betrifft. Feminismus ist eine Bewegung, die sich dafür einsetzt, dass alle Menschen gleich behandelt werden, egal, welchem Geschlecht sie angehören. Historisch betrachtet ging es dabei um die Gleichberechtigung von Männern und Frauen. Daher kommt auch die Bezeichnung: Das lateinische Wort »femina« bedeutet »Frau«. Auch heute kämpfen Feminist*innen noch gegen Vorurteile und **Diskriminierung**.

GAU steht für den »Größten Anzunehmenden Unfall«. Gemeint ist der schlimmste denkbare Störfall, der beim Betrieb eines Atomkraftwerks passieren kann und für den die Sicherheitssysteme einer Anlage angelegt sind. Ist ein Störfall nicht länger vom Sicherheitssystem beherrschbar, spricht man von einem **Super-GAU**, einer Reaktorkatastrophe mit Auswirkungen auf Menschen, Tiere und Umwelt.

Ghetto ist ein Begriff, der meistens abwertend gebraucht wird. Er bezeichnet ein Stadtviertel, in dem Angehörige einer bestimmten, meist diskriminierten Minderheit zusammenleben.

Eine Identitätskrise kann eintreten, wenn man beginnt, an sich selbst zu zweifeln und unzufrieden zu sein. Vielleicht fragt man sich: »Wer bin ich? Was tue ich mit meinem Leben? Wer will ich eigentlich sein?« Dabei stellt man sich selbst, also die eigene Identität, infrage. Manchmal kann es schwer sein, passende Antworten zu finden – das kann sehr belastend sein.

Indigene Bevölkerung bezeichnet den Teil einer Bevölkerung, der schon in einer bestimmten Region gelebt hat, lange bevor andere Menschen das jeweilige Gebiet erobert oder dort einen Staat gegründet haben. Beispiele sind die Māori in Neuseeland oder die Aborigines in Australien. Oft legen Angehörige dieser Gruppen großen Wert auf Traditionen und fühlen sich auf besondere Weise mit ihrer Heimat verbunden. Dort, wo sie heute leben, sind sie häufig Minderheiten und haben mit Diskriminierung, Unterdrückung und Vertreibung zu kämpfen.

Is There Anybody Out There? (»Ist da draußen irgendjemand?«) ist ein Song der britischen Band Pink Floyd. Er erschien 1979 auf dem Album *The Wall* (»Die Mauer«).

Als Māori werden die Angehörigen der indigenen Bevölkerung Neuseelands bezeichnet.

Das Wort Philosophie kommt aus dem Griechischen und bedeutet so viel wie »Liebe zur Weisheit«. Philosophie ist eine Wissenschaft, die sich mit Fragen auseinandersetzt, die den Menschen, das Leben und die Welt betreffen. Philosoph*innen suchen Antworten auf diese Fragen und versuchen, den Dingen und Ereignissen um uns herum auf den Grund zu gehen. Zu den bekanntesten Philosoph*innen zählen die Griechen Sokrates (469–399 v. Chr.) und Aristoteles (384–322 v. Chr.).

Rassistisch kommt von Rassismus, *siehe* Diskriminierung.

Sier (aus »sie« plus »er«) wird hier als Pronomen für Menschen verwendet, die sich nicht eindeutig als weiblich oder männlich identifizieren; die man also nicht als eine »Sie« oder als einen »Er« beschreiben kann.

Sklaverei ist ein Zustand, in dem ein Mensch keine eigenen Rechte hat und als Eigentum eines anderen Menschen behandelt und ausgenutzt wird. Versklavte sind nicht frei, sie müssen machen, was ihre Besitzer*innen verlangen, und können wie Ware weiterverkauft werden.
Sklaverei gibt es schon seit dem Altertum, ihre Ausbreitung ist jedoch eng verknüpft mit den Kolonien, die viele Staaten bis ins 20. Jahrhundert vor allem auf dem afrikanischen Kontinent hatten. Viele der dort lebenden Menschen wurden als Sklav*innen ge- und verkauft und in fremde Länder gebracht, wo sie unter schlimmen Bedin-

gungen hart arbeiten mussten. Heute haben alle Staaten weltweit die Sklaverei offiziell abgeschafft, und Artikel 4 der Allgemeinen Erklärung der Menschenrechte verbietet sie. Trotzdem bestehen weiterhin moderne Formen, zum Beispiel Kinderarbeit.

Sokrates, Aristoteles & Co. *siehe* Philosophie.

Die Sowjetunion, Abkürzung für »Union der Sozialistischen Sowjetrepubliken« (UdSSR), war der größte sozialistische Staat der Welt und bestand von 1922 bis 1991. Sie erstreckte sich vom Osten Europas bis nach Asien. Viele heute unabhängige Länder gehörten früher zur Sowjetunion: Aserbaidschan, Estland, Georgien, Kasachstan, Kirgisistan, Lettland, Litauen, die Republik Moldau, Russland, Tadschikistan, Turkmenistan, Ukraine, Usbekistan und Weißrussland.

Super-GAU *siehe* GAU.

Taliban bezeichnet eine fundamentalistische islamische Bewegung, die eine besonders strenge Auslegung des Koran und ein überaus traditionelles Weltbild durchsetzen will.

Um das zu erreichen, wenden sie häufig Gewalt an. Ab 1994 eroberten die Taliban große Teile Afghanistans.

Trans* oder auch Transgender: »trans« bedeutet »darüber hinaus« oder »jenseits«, »Gender« bezeichnet das soziale, kulturell geprägte Geschlecht (im Unterschied zum biologischen Geschlecht). Bei Trans*-Menschen stimmt das biologische Geschlecht nicht mit dem gefühlten Geschlecht überein. Das suchen sie sich nicht aus, sondern wurden so geboren: als Mädchen im Körper eines Jungen, als Junge im Körper eines Mädchens.

Das Wütende Schwarze Mädchen (»Angry Black Girl«) ist ein rassistisches Vorurteil. Dass Schwarze Mädchen und Frauen »von Natur aus« frech, unerzogen und schlecht gelaunt sein sollen, entspricht natürlich nicht der Wahrheit. Trotzdem tragen Vorurteile wie dieses zur Diskriminierung Schwarzer bei.

Agatha Christie (1890-1976, England) wurde durch ihre zahlreichen Kriminalromane bekannt, die auch für Kino und Fernsehen verfilmt wurden. Die berühmtesten Figuren aus ihrer Feder sind Hercule Poirot und Jane Marple.

Alex Gino gewann 2016 mit dem Debütroman *George* den Stonewall Book Award sowie den Lambda Literary Award. Alex ist eine genderqueere schreibende Person, die sich literarisch mit verschiedenen queeren Themen und antirassistischer Bildungsarbeit beschäftigt. Alex lebt in Kalifornien, USA.

Alice Walker, geboren 1944, ist die Autorin zahlreicher Werke, darunter der Briefroman *Die Farbe Lila*. Das Buch spielt in der ersten Hälfte des 20. Jahrhunderts im ländlichen Georgia, USA. 1983 erhielt Alice Walker für diesen Roman den Pulitzer-Preis und den American Book Award. Sie bezeichnet sich selbst als »womanist«.

Angie Thomas hat als erste Schwarze Frau einen Abschluss in Kreativem Schreiben an der Belhaven University in Mississippi gemacht. Mit ihren Büchern möchte sie all denen eine Stimme geben, die unterdrückt werden und die ihre Geschichten nicht mehr erzählen können. Es ist ihr wichtig, dass *weiße* Menschen die herrschenden Missstände begreifen. Sie lebt in Jackson, Mississippi.

Antje Wagner, geboren 1974, hat viel mit unterschiedlichen Ausdrucksformen experimentiert, bevor sie das Schreiben für sich entdeckt hat. Dazu inspiriert haben sie nach eigener Aussage letztendlich Häuser und das Auge fürs Detail, was auch in *Hyde* deutlich zu spüren ist. Sie lebt in Hildesheim.

Astrid Lindgren (1907–2002, Schweden) zählt zu den bekanntesten Kinder- und Jugendbuchautor*innen der Welt. Mit den Geschichten um Pippi Langstrumpf, Ronja Räubertochter, Madita und viele weitere bekannte Figuren prägte sie die Kindheit vieler Generationen von Leser*innen. Sie gewann eine Vielzahl an Preisen und sprach sich gegen Gewalt in der Kindererziehung aus.

Die **Brüder Jacob** (1785–1863) und **Wilhelm** (1786–1859) **Grimm** wurden in Hanau geboren. Sie interessierten sich sehr für deutsche Sprache und Literatur und begannen, Geschichten zu sammeln und aufzuschreiben, die bis dahin nur mündlich weitererzählt worden waren. Ihre Märchenbände sind bis heute weltbekannt.

C. S. Lewis (1898–1963, Irland) verfasste viele Bücher, darunter auch einige literaturwissenschaftliche Werke. Eines seiner zentralen Themen war das Christentum, mit dem er sich intensiv beschäftigte. Darüber schloss er auch Freundschaft mit J. R. R. Tolkien, dem Autor von *Herr der Ringe*.

Charlotte Brontë (1816–1855, England) war die älteste der Brontë-Schwestern. Das Kreative Schreiben entdeckte sie bereits in ihrer Kindheit für sich. Ihre Geschichten waren revolutionär und galten als anstößig, *Jane Eyre* machte sie berühmt.

Chimamanda Ngozi Adichie, geboren 1977, lebt in Nigeria und den USA und ist eine international mehrfach ausgezeichnete Schriftstellerin. In ihren Romanen und Kurzgeschichten thematisiert sie die verschiedenen Lebens- und Sichtweisen der afrikanischen und westlichen Welt. Sie engagiert sich politisch für Frauenrechte, Meinungsfreiheit und gegen Rassismus.

Christa Wolf (1929–2011) floh 1945 nach Mecklenburg. Sie studierte in Jena und Leipzig Germanistik; arbeitete anschließend in Berlin als Kritikerin, Gutachterin, Cheflektorin und ab 1962 als freie Schriftstellerin. Sie veröffentlichte Erzählungen, Romane, Essays und Filmdrehbücher.

Christine Nöstlinger (1936–2018, Österreich) schrieb zunächst für Zeitung und Rundfunk. 1970 erschien ihr erstes Kinderbuch *Die feuerrote Friederike*. Sie erhielt für ihre Bücher zahlreiche Preise, unter anderem den Deutschen Jugendliteraturpreis, sowie den Astrid-Lindgren-Preis für ihr Gesamtwerk.

Cornelia Funke, geboren 1958, ist eine der erfolgreichsten und bekanntesten deutschen Kinderbuchautor*innen. Sie arbeitete zunächst als Kinderbuchillustratorin und fing dann selbst an zu schreiben. Egal, ob *Tintenherz*, *Die Wilden Hühner* oder *Herr der Diebe*: Ihre Geschichten sind voller Fantasie und spannender Abenteuer. Ihre Bücher wurden in mehr als 50 Sprachen übersetzt und mit vielen Preisen ausgezeichnet. Sie lebt in Kalifornien, USA.

Dagmar Chidolue, geboren 1944, schreibt hauptsächlich für Kinder und Jugendliche. Sie ist unter anderem die Autorin der Kinderbuchreihe um Millie sowie des Jugendbuchs *Ladypunk*, für welches sie 1986 den Deutschen Jugendliteraturpreis erhielt. Heute lebt die Autorin in Frankfurt am Main.

David Levithan, geboren 1972, ist ein amerikanischer Verleger und Autor. Er schrieb mehrere Kinder- und Jugendbücher, darunter auch *Letztendlich sind wir dem Universum egal*. Dieses wurde 2015 mit dem Deutschen Jugendliteraturpreis ausgezeichnet. Er lebt in New Jersey, USA.

Emmy von Rhoden ist das Pseudonym (also ein Deckname) der deutschen Schriftstellerin Emilie Friedrich-Friedrich (1829–1885). Ihr Buch *Der Trotzkopf* ist einer der ersten sogenannten Backfischromane, die für Mädchen geschrieben wurden, damit sie sich auf ihre Rolle als Ehefrau und Mutter einstellen können. Diese Art von Büchern gilt als veraltet: Heute dürfen Mädchen und Frauen alles sein!

Eoin Colfer, geboren 1965, ist in Irland aufgewachsen. Schon als Kind hat er eigene kleine Geschichten erfunden und illustriert. Er arbeitete zunächst an einer Grundschule: Am Tag unterrichtete er, in der Nacht schrieb er Geschichten. Seine Bücher sind bei Kindern und Erwachsenen auf der ganzen Welt sehr beliebt.

Erich Kästner (1899–1974) war Schriftsteller, Drehbuchautor und Dichter, der vor allem durch seine humorvollen und intelligenten Kinderbücher Bekanntheit erlangte. Von den Nationalsozialisten wurden seine Werke verbrannt, dennoch blieb er in Deutschland und veröffentlichte unter anderen Namen. Nach dem Krieg konnte Kästner an die früheren Erfolge anschließen.

Federica de Cesco, geboren 1938 in Italien, ist für ihre Geschichten über starke Mädchen bekannt. *Der rote Seidenschal* war ihr erstes Buch, das sie schrieb, als sie selbst gerade einmal 15 Jahre alt war. Es war der Beginn ihrer weltweiten Erfolgsgeschichte. Heute lebt sie in der Schweiz.

Finn-Ole Heinrich, geboren 1982, studierte zunächst Film und Bildende Kunst in Hannover. Seit 2009 ist er freier Autor in Hamburg. Sein erstes Kinderbuch *Frerk, du Zwerg!* wurde mit dem Deutschen Jugendliteraturpreis ausgezeichnet.

Frances Hodgson Burnett (1849–1924) wurde in England geboren, doch nach dem Tod ihres Vaters wanderte die Familie nach Amerika aus. Dort schrieb sie für verschiedene Zeitungen. Ihre bekanntesten Geschichten schrieb sie für Kinder, sie wurden in viele Sprachen übersetzt.

Frida Nilsson, geboren 1979, ist eine Autorin aus Schweden. Sie schreibt abenteuerliche Geschichten für Groß und Klein, von wilden Eismeeren, Feuerteufeln, maskierten Makronen und Prinzessinnen, mit ganz viel Gefühl und noch mehr Liebe zum Detail.

Gudrun Pausewang (1928–2020) war eine international bekannte deutschsprachige Schriftstellerin. Ihre Schwerpunktthemen waren Umwelt, Nationalsozialismus, Krieg und Frieden sowie Armut in Südamerika. Daraus setzt sich ihr großes, mehrfach ausgezeichnetes literarisches Lebenswerk zusammen, zu dem über 100 Romane zählen, die meisten davon für Kinder und Jugendliche.

Hans Christian Andersen (1805–1875, Dänemark) interessierte sich schon früh für Literatur und Theater. Mit 14 Jahren ging er nach Kopenhagen, um Schauspieler zu werden. Dort wurde er gefördert und studierte. Neben seinen Märchen, die weltweit bekannt wurden, schrieb er Gedichte, Theaterstücke und zwei Romane.

Harper Lee (1926–2016) wuchs in einer Kleinstadt im US-Bundesstaat Alabama auf. Neben ihrer Arbeit in einem Ladenbüro in New York verfasste sie Essays und Kurzgeschichten. Diese wurden zwar nicht veröffentlicht, dienten aber als Grundlage für ihren mehrfach ausgezeichneten Roman *Wer die Nachtigall stört*.

Hayfa Al Mansour, geboren 1976, ist eine der ersten saudi-arabischen Filmemacherinnen. In Kairo machte sie ihren Bachelor in Englischer Literatur, gefolgt von einem Masterabschluss an einer Filmhochschule in Sydney. Ihre Filme wurden vielfach ausgezeichnet.

Irmgard Keun (1905–1982) wurde in Berlin geboren. Sie ging ans Theater, doch das Schreiben machte ihr mehr Spaß. Nachdem ihre Bücher während des Nationalsozialismus verboten wurden, emigrierte Keun ins Ausland und lebte unter anderem in Belgien, Frankreich und den USA.

Isabel Abedi, geboren 1967, ist eine erfolgreiche deutsche Kinderbuchautorin. Sie träumte schon als Kind vom Schreiben und erfüllte sich ihren Traum unter anderem mit der *Lola*-Buchreihe, die zu einem großen Erfolg wurde. Heute lebt sie mit ihrer Familie in Hamburg.

J. M. Barrie (1860–1937, Schottland) gelang mit *Peter Pan* der Durchbruch als Schriftsteller. Zu der Geschichte inspirierten ihn die Kinder einer Bekannten, um die er sich nach deren Tod kümmerte. Die Rechte an den Büchern, Filmen und Theaterstücken vermachte J. M. Barrie einem Londoner Kinderkrankenhaus.

Jane Austen (1775–1817) war eine britische Schriftstellerin, zu deren Werken neben *Stolz und Vorurteil*, auch *Emma*, *Verstand und Gefühl* sowie *Mansfield Park* zählen. Viele ihrer Romane gelten als Klassiker.

Jane Gardam, geboren 1928, arbeitete nach ihrem Englisch-Studium als reisende Bibliothekarin sowie als Journalistin. Mit 43 Jahren veröffentlichte sie ihr erstes Buch. Sie wurde seitdem vielfach ausgezeichnet. Heute lebt sie in East Kent.

Jean Webster (1876–1916) wurde in New York geboren. Nach der Schule und dem College arbeitete sie als Journalistin und Schriftstellerin und schrieb vor allem über Frauen. In ihren Texten geht es häufig um das Leben am College und persönliche Weiterentwicklung.

Joachim Masannek, geboren 1960, begann seine Autorenkarriere mit den *Wilden Fußballkerlen*, insgesamt 13 Bände hat er dazu herausgebracht. Er ist auch der Regisseur der Verfilmungen, in denen seine beiden Söhne die Rolle des »Maxi« und des »Markus« spielten. Er lebt in Berlin.

Jodi Picoult, geboren 1967 in New York, studierte zunächst Kreatives Schreiben, dann Pädagogik. Die Bestsellerautorin, die mehr als 25 Romane geschrieben hat, setzt sich in verschiedenen Initiativen für benachteiligte soziale Gruppierungen im Literaturbetrieb ein und kämpft für ein diverses Miteinander.

Johann Wolfgang von Goethe (1749–1832) lebte vor über 200 Jahren und ist auch heute noch der wohl bekannteste deutsche Dichter. Er schrieb sowohl Stücke für das Theater als auch Bücher und vor allem Gedichte. Außerdem war er Naturforscher und viel auf Reisen.

Johanna Spyri (1827–1901, Schweiz) hat in ihrer Jugend selbst ein Internat besucht und sowohl in der bunten Großstadt als auch auf dem idyllischen Land gewohnt. Obwohl die eifrige Leserin erst spät mit dem Schreiben begonnen hat, wurde sie schnell erfolgreich. Ihre beliebten *Heidi*-Bücher wurden in viele Sprachen übersetzt.

John Green, geboren 1977, ist ein international mehrfach ausgezeichneter US-amerikanischer Schriftsteller. Seine Leser*innen lieben ihn neben *Eine wie Alaska* auch für Bücher wie *Margos Spuren* und *Das Schicksal ist ein mieser Verräter*, welches 2013 mit dem Deutschen Jugendliteraturpreis ausgezeichnet wurde.

Jostein Gaarder, geboren 1952 in Oslo, studierte Philosophie, Theologie und Literatur. Danach unterrichtete er Philosophie und schrieb nebenher Geschichten für Jung und Alt. *Sofies Welt* war so erfolgreich, dass das Buch in 54 Sprachen übersetzt und verfilmt wurde.

Judith Kerr (1923–2019) war Kinderbuchautorin und Illustratorin. Sie wurde 1923 in Berlin geboren und musste 1933 wegen ihrer jüdischen Herkunft aus dem nationalsozialistischen Deutschland fliehen. Über diese Erfahrung schrieb sie in verschiedenen Büchern. Sie lebte in London.

Julie Murphy stand mit ihren Büchern *Dumplin'* und *Ramona Blue* auf der Bestsellerliste der *New York Times*. Sie ist eine offen bisexuelle und mehrgewichtige Autorin, die in armen Verhältnissen aufwuchs. Diese und andere Themen verarbeitet sie auf eine positive Weise in ihren Büchern. Sie lebt in Texas, USA.

Kai Meyer, geboren 1969, ist ein deutscher Fantasy-Autor, der schon über 50 Bücher geschrieben hat. Seine Geschichten wurden in 30 Sprachen übersetzt und haben viele Preise gewonnen. Kai Meyer schreibt auch Drehbücher, Graphic Novels und Hörspiele.

Käthe Recheis (1928–2015) wurde in Engelhartszell in Österreich geboren. Ihre Bücher wurden in viele Sprachen übersetzt und erhielten zahlreiche Preise. Viele standen auf der Auswahlliste zum Deutschen Jugendliteraturpreis.

Khaled Hosseini, geboren 1965 in Afghanistan, verbrachte seine Kindheit in Paris. Nachdem in Afghanistan der Krieg ausgebrochen war, zog die Familie in die USA, wo Hosseini Medizin studierte. Seit 2003 schreibt er Bücher und engagiert sich für die afghanische Flüchtlingshilfe. Er lebt in Kalifornien, USA.

Kurt Held (1897–1959) hieß eigentlich Kurt Kläber. Weil er Kommunist war, wurde er 1933 verhaftet. Nachdem er freigekommen war, wanderte er mit seiner Frau in die Schweiz aus, wo er Freude am Schreiben fand. Da er in Deutschland nicht veröffentlichen durfte, schrieb er unter dem Namen Held und blieb in der Schweiz.

Lewis Carroll (1832–1898, England) hieß eigentlich Charles Lutwidge Dodgson. Die erste Fassung von *Alice im Wunderland* war ein handgeschriebenes 90-seitiges Buch mit selbstgemalten Zeichnungen und ein Geschenk für ein junges Mädchen namens Alice Pleasance Liddell.

Louisa May Alcott (1832–1888) lebte im Osten der USA. Sie schrieb die Buchreihe rund um die March-Schwestern. Die Wege und Interessen der Schwestern waren für die damalige Zeit sehr fortschrittlich. Alcott war wichtig, dass sie ihre eigenen, individuellen Pfade zum Glück finden. Sie schrieb noch viele weitere Bücher und setzte sich für Frauenrechte und gegen Sklaverei ein.

Lucy Maud Montgomery (1874–1942) wäre von den *Rebel Girls*-Büchern begeistert gewesen, denn schon 1934 veröffentlichte die Kanadierin zusammen mit zwei anderen Autorinnen ein Buch namens *Courageous Women* (»Mutige Frauen«), in dem Essays über Frauen, die Großes geleistet haben, zu finden sind.

Lyman Frank Baum (1856–1919) wurde in Chittenango, USA, geboren. *Der Zauberer von Oz* wurde 1900 veröffentlicht und sofort zu einem Erfolg. Lyman Frank Baum schrieb daraufhin noch 13 weitere Bücher, die alle in der zauberhaften Welt von Oz spielen.

Markus Zusak, geboren 1975, lebt in Sydney. In seinem Roman *Die Bücherdiebin*, der über Nacht zum Bestseller wurde, verarbeitet er die Erzählungen seiner deutsch-österreichischen Eltern über die Schrecken des Zweiten Weltkriegs.

Meg Wolitzer, geboren 1959 in New York, studierte und unterrichtete Kreatives Schreiben. In ihren Werken beschäftigt sie sich häufig mit den Schwierigkeiten, die Frauen wie Joan Castleman in Amerika und auf der ganzen Welt haben.

Michael Ende (1929–1995) hat Geschichten für Kinder, Jugendliche und Erwachsene geschrieben und zählt zu den bekanntesten deutschen Autoren. Seine Bücher wurden in mehr als 40 Sprachen übersetzt und insgesamt über 35 Millionen Mal verkauft.

Neil Gaiman, geboren 1960, schreibt Comics, Biografien, Gedichte und Romane für Kinder und Erwachsene. Mit seiner Frau arbeitet er auch an Musikprojekten. Zu *Coraline* wurde er inspiriert, als er kein passendes Gruselbuch für seine kleine Tochter finden konnte. Er lebt in Minnesota, USA.

Otfried Preußler (1923–2013) war Soldat im Zweiten Weltkrieg und kam 1949 aus der Kriegsgefangenschaft zurück nach Deutschland. Später arbeitete er als Lehrer und erzählte seinen Schüler*innen Geschichten, die er dann veröffentlichte. Bis heute zählt er zu den beliebtesten deutschen Kinderbuchautor*innen.

P. L. Travers (1899–1996) wurde als Helen Lyndon Goff in Australien geboren. Nach dem Tod des Vaters zog die Familie nach Großbritannien. Dort arbeitete sie als Tänzerin und Schauspielerin, bis sie anfing, Bücher zu schreiben. Ihre größten Erfolge hatte sie mit den Büchern über das magische Kindermädchen Mary Poppins.

Philip Pullman, geboren 1946, wuchs in Simbabwe und Wales auf. Er studierte Anglistik und arbeitete viele Jahre als Lehrer und Dozent in Oxford, wo er heute lebt. Er setzt sich in politischen Runden für Klimagerechtigkeit ein.

Roald Dahl (1916–1990) war ein britischer Schriftsteller. Er schrieb makabre Kurzgeschichten für Erwachsene und fantasievolle Bücher für Kinder. Seine Werke wie *Charlie und die Schokoladenfabrik*, *Sophiechen und der Riese* und *Matilda* sind auch heute noch international bekannt.

Sarah J. Maas, geboren 1986, begann mit 16, an Throne of Glass zu schreiben und die Geschichte im Internet zu veröffentlichen. Sie fand einen Verlag, und die Buchreihe wurde ein großer Erfolg. Heute schreibt sie weiterhin erfolgreiche Fantasy-Bücher und lebt mit Ehemann und Hund in Pennsylvania, USA.

Scott O'Dell (1898–1989) wurde in Los Angeles, USA, geboren. Er war Schriftsteller, Kameramann, Journalist und Herausgeber. Seine vielen Kinder- und Jugendromane handeln meist von historisch sorgfältig recherchierten Geschichten über die Ureinwohner*innen Nordamerikas. Für seine Werke erhielt er viele Preise.

Sophokles (497/496–406/405 v. Chr.) war ein Dichter in der Zeit der Griechischen Klassik. Er gilt als einer der bedeutendsten Tragödiendichter des antiken Griechenlands. Bis heute werden seine Stücke weltweit aufgeführt.

Stephen Chbosky, geboren 1970, schreibt neben Büchern über das Erwachsenwerden auch Drehbücher und dreht Filme. Die aufregende Geschichte von Sam und ihren Freunden hat er ebenfalls auf die Kinoleinwände gebracht. Er lebt in New York, USA.

Suzanne Collins, geboren 1962, schrieb für das amerikanische Kinderfernsehen und veröffentlichte seit 2003 mehrere Kinder- und Jugendbücher. Ihre Trilogie *Die Tribute von Panem* wurde zu einer internationalen Bestseller-Serie.

Tamara Bach, geboren 1976, studierte Deutsch und Englisch auf Lehramt. Doch statt Lehrerin wurde sie Schriftstellerin. Ihr erster Roman *Marsmädchen* wurde noch vor der Veröffentlichung mit dem Oldenburger Kinder- und Jugendbuchpreis ausgezeichnet. Es folgten weitere Jugendbücher, genauso wie zahlreiche Preise. Sie lebt in Berlin.

Theodor Fontane (1819–1898) wurde in Neuruppin (Brandenburg) geboren. Er arbeitete als Apotheker, Schriftsteller, Journalist, Dichter und Kritiker. Fontane gilt als wichtiger Vertreter der literarischen Epoche des Realismus.

Thomas Mann (1875–1955) war ein deutscher Schriftsteller. Er wurde in Lübeck geboren. In seinem ersten Roman *Buddenbrooks: Verfall einer Familie* erweckte er Tony zum Leben. Fast 30 Jahre später, 1929, gewann er den Literaturnobelpreis.

Toni Morrison (1931–2019) wurde in Ohio geboren. Sie war eine der bedeutendsten Schriftsteller*innen der gegenwärtigen afroamerikanischen Literatur und erhielt 1993 den Literaturnobelpreis.

Truman Capote (1924–1984, USA) arbeitete als Autor und Schauspieler. Am bekanntesten ist er für den Roman *Kaltblütig* sowie für den Kurzroman *Frühstück bei Tiffany*, in dem er einen neuen Sprach- und Schreibstil fand.

Virginia Woolf (1882–1941) war eine britische Schriftstellerin, Kritikerin, Verlegerin und Feministin. Die Figur Orlando ist eng verknüpft mit Vita Sackville-West, mit der Virginia Woolf eine leidenschaftliche Liebesbeziehung verband.

William Shakespeare (1564–1616) ist der wohl bekannteste englische Dramatiker seiner Zeit. Seine Theaterstücke sind zwar schon rund 450 Jahre alt, doch noch immer bringen sie Menschen auf der ganzen Welt zum Lachen und zum Weinen.

Witi Ihimaera, geboren 1944, verfasst Geschichten, die eng mit Māori-Mythologien verwoben sind und zugleich übergreifende menschliche Themen berühren. Durch seine Werke verleiht er indigenen Menschen eine Simme. Zu *Whalerider* inspirierte ihn seine Tochter, die sich eine weibliche Heldin wünschte.

Wolfgang Herrndorf (1965–2013) wurde in Hamburg geboren. Er studierte Malerei und hat mehrere Bücher geschrieben, darunter *Tschick*, für das er 2011 den Deutschen Jugendliteraturpreis erhielt. Er starb in Berlin, sein Roman *Bilder deiner großen Liebe* blieb unvollendet.

Bevor **Alexa Dietrich**, geboren 1996, ihr Studium am Literaturinstitut Hildesheim begann, studierte sie Sozial- und Kulturanthropologie an der FU Berlin und engagierte sich in verschiedenen internationalen Projekten an der Schnittstelle von Kunst und Sozialer Arbeit. Sie schreibt für Kinder, Jugendliche und Erwachsene, leitet Workshops und Schreibwerkstätten für alle möglichen Leute, außerdem lektoriert sie im Bereich Belletristik und Sachbuch. Interessiert sich für Kollektives und Kollaboratives, Widerspenstiges und Widerständiges.

Anna Gölz, geboren 1993 in Höxter, studiert Kulturwissenschaften und Kulturpolitik an der Universität Hildesheim, Mama von einem Wirbelwind, ist lesend und träumend, beobachtend und lachend dabei, ihren Platz in der Welt zu suchen, ob in Hildesheim oder Tshwane, in Paris oder Tainan, Casablanca oder Tangier. Sie spricht drei Sprachen zu Hause, ist schon immer leidenschaftlich gerne gereist und findet die Töne zwischen den lauten Momenten und zwischen den Zeilen besonders spannend.

Benedikt Stamm, geboren 1999 in Hamburg, hat dort ein FSJ Kultur gemacht. Seit 2018 studiert er Kreatives Schreiben und Kulturjournalismus an der Universität Hildesheim. Er schreibt seit 2019 für das Online-Musikmagazin *Plattentests.de*.

Casjen Griesel studierte Literarisches Schreiben und Lektorieren in Hildesheim sowie Germanistik und Gender Studies in Marburg. Lektor für Jugendliteratur, Herausgeber eines Magazins für gender-nonkonforme Menschen sowie Own Voice Rezensent für Trans*-Literatur.

Charlotte Busch, geboren 1995 in Bad Dürkheim, studiert Kulturwissenschaften mit Literatur und Kunst an der Universität Hildesheim. Aufgewachsen als Bücherwurm, begann sie früh, ihre Umgebung und Gefühle zu verschriftlichen. Immer mit einem Fuß in der Kulturbranche, versucht sie, ihre Kunst weiterzugeben, und lässt sich nicht von Skeptikern abhalten.

Dimitra Harlis, geboren 1997 in Hannover, studiert seit 2016 Kulturwissenschaften und ästhetische Praxis an der Universität in Hildesheim mit den Schwerpunkten Literatur und Medien. Neben ihrem Studium arbeitet sie beim Radio; in ihrer Freizeit beschäftigt sie sich gerne mit Büchern, Musik und Kunst.

Elisabeth Johanna Lehmann, geboren 1999 in Torgau, erzählt schon immer Geschichten. Seit 2017 studiert sie in Hildesheim Kreatives Schreiben und Kulturjournalismus. Sie veröffentlichte unter anderem in den Anthologien *Hyper* und der *Landpartie 19* des Studiengangs.

Elske Beckmann, geboren in Kleve, arbeitete ein Jahr in Chicago und studierte dort nebenbei Philosophie. Studium Kreatives Schreiben und Kulturjournalismus seit 2018, wo sie Mitherausgeberin der Jahrgangsanthologie *Netzhäute* war. Seit 2019 ist sie Mitherausgeberin der Literaturzeitschrift *BELLA triste*, 2020 war sie Teil der künstlerischen Leitung des Literaturfestivals PROSA-NOVA. Ihre Texte erschienen in verschiedenen Zeitschriften und Anthologien.

Esther Spiegel, geboren 1992 in Vorarlberg, versuchte sich in allen möglichen Nebenjobs, lebte lesend, schreibend, ein bisschen studierend in London, Innsbruck, Göteborg und Wien. Seit 2019 in Hildesheim.

Franziska König, geboren 1999 in Gardelegen, studiert Kreatives Schreiben und Kulturjournalismus in Hildesheim. Diverse Veröffentlichungen in Anthologien.

Gwendolyn Krenkel, geboren 1998 in Saarbrücken, studiert Kreatives Schreiben und Kulturjournalismus an der Universität Hildesheim. Sie schreibt Lyrik und Prosatexte und befasst sich leidenschaftlich mit Grafik und Illustration. Seit der Gründung 2016 Mitarbeiterin in dem Kleinverlag Druck Kontor Saar.

Hannah Körner, geboren 1999 in Hamburg, studiert seit 2019 Kulturwissenschaften in Hildesheim. Neben ihrem Studium interessiert sie sich vor allem für Musik und das Schreiben von Songs. Sie sang vier Jahre lang in der Mädchenband Better than Alice und veröffentlichte 2020 unter ihrem Künstlernamen hannah koerner ihre erste Single »Leuchtturmmädchen«.

Ilona Martijn, geboren 1995, studiert seit 2017 Kulturwissenschaften und ästhetische Praxis an der Universität Hildesheim. Seit Sommer 2019 leitet sie gemeinsam mit Sophie Romy das *NERV – Magazin für studentisches Sein*. Im Rahmen eines Praktikums im Vermittlungsprogramm des Literaturfestivals PROSANOVA 2020 setzte sie sich mit Kreativem Schreiben und Literaturvermittlung an Schulen auseinander.

Jasmin Steffen, geboren 1992. 2017 verließ sie das kleine Dörfchen, in dem sie aufgewachsen ist, um in Hildesheim Kreatives Schreiben und Kulturjournalismus zu studieren. Sie hat schon in Anthologien und Literaturzeitschriften veröffentlicht.

Jennifer Bergmann, geboren 2001, hat ihre ersten Geschichten als junges Mädchen auf einer alten Schreibmaschine geschrieben. Die Faszination für das geschriebene Wort brachte die Oberpfälzerin nach dem Abitur 2019 zu ihrem Studium in Hildesheim. Ihr Weg führte sie allerdings bereits 2020 zurück nach Bayern an die Universität Passau, wo sie nun an ihrem weiteren Werdegang feilt.

Juliana Brandis, geboren 1997, studierte Kulturwissenschaften an der Universität Hildesheim. Kultur und Kunst sind ihre Leidenschaften, welche sie sowohl privat als auch beruflich verfolgt.

Katrin Griebenow, geboren 1998, schreibt (Kurz-)Geschichten und Szenen, die sie auch verfilmt. Nebenbei studiert sie seit 2018 Kultur, Literatur und Medien in Hildesheim. Außerdem erkennt sie Vögel am Gesang und kann das Alphabet rückwärts aufsagen.

Als Kind wollte **Laura Smail** am liebsten bis Mitternacht aufbleiben, Abenteuer erleben oder zum Mond fliegen. Weil das nicht so einfach ging, hat sie darüber Geschichten gelesen, was aber mindestens genauso toll ist. Als ihr der Lesestoff ausging, hat sie dann einfach selbst weitergeschrieben. Seit 2014 lebt sie in Hildesheim.

Linda Ludwig lacht, lernt und lebt in Hildesheim für Projekte rund um Kultur, Film und Literatur. Wenn sie diese nicht gerade koordiniert, gehören Prosa schreiben, Kurzfilme drehen und Collagen kleben zu ihren liebsten Tätigkeiten. Bevor sie 2018 begann, Kulturwissenschaften zu studieren, arbeitete sie als Pädagogin mit autistischen Jugendlichen.

Liv K. Schlett, geboren 1995, studiert seit 2018 Kreatives Schreiben und Kulturjournalismus in Hildesheim. Besonders am Herzen liegen ihr Kinder- und Jugendbücher, welche sie auch selbst schreibt. Texte von ihr erschienen im Lesebuch *Vögel im Kopf*.

Luca Estelle Horvath wurde 1999 in Erfurt geboren. Aktuell studiert sie Schauspiel an der Filmuniversität in Potsdam. Und nun zu den wirklich wichtigen Fakten: Luca liebt den Geruch von Regen und füllt viele Kreuzworträtsel aus in der Hoffnung, eine Reise zu gewinnen. Wäre Luca ein Tier, so wäre sie ein Flughörnchen.

Mara Schrey, geboren 1994 in Köln, studiert Kreatives Schreiben und Kulturjournalismus und Psychologie an der Universität Hildesheim. Derzeit gehört sie zum Redaktionsteam der universitären Pressestelle.

Marlen Apel wurde 1998 in Thüringen geboren. Nach dem Abitur und einer längeren Südeuropa-Reise folgte das Studium der Kulturwissenschaften mit den Schwerpunkten Musik und Literatur in Hildesheim. Sie schreibt, (k)lebt und veröffentlicht Lyrik. Außerdem ist sie als Sängerin in mehreren Bands aktiv.

Marsha Laila Tute, geboren 1996 in Hannover, begeistert sich seit ihrer Jugend für Fantasy-Literatur. Nachdem das Fantasy-Regal ihrer Bibliothek durchgelesen war, begann sie, selbst zu schreiben. Das führte zum Studium der Kulturwissenschaften mit Literatur im Nebenfach. Nebenbei ist sie als Journalistin und Moderatorin für Lokalradios sowie als freie Texterin tätig.

Meret Buchholz, geboren 1998 in Hamburg, studiert seit 2017 Kulturwissenschaften mit den Schwerpunkten Literatur und Theater in Hildesheim. Schon beim Fasching in der Grundschule gab sie ihr erstes Autorinnenautogramm. Auch heute noch zählt die Literatur zu ihren größten Interessen, regelmäßig hilft sie ehrenamtlich im Literaturhaus St. Jakobi Hildesheim aus.

Nicole Collignon, geboren 1999, wuchs in Mauern auf, einem kleinen Dorf mit niedriger Mauer um den Friedhof. Sie schreibt Kurzprosa und Lyrik, studierte mal Ethnologie, studiert jetzt Kreatives Schreiben und Kulturjournalismus in Hildesheim und denkt, ewig zu tauchen und unter Wasser zu bleiben, wäre der absolute Zustand.

Nina Köhler musste als Grundschülerin noch überzeugt werden, mehr zu lesen, danach gab es kein Halten. In der Schule arbeitete sie lieber an ihren eigenen Werken, als Schulbücher zu lesen. Ihre Leserschaft erweiterte sich von der besten Freundin und der Schwester auf Kommiliton*innen. Heute arbeitet sie daran, weniger zu schlafen und mehr zu schreiben.

Rebecca Fisch, geboren 1999, studiert Kulturwissenschaften mit Literatur, Theater und dem Fokus auf internationaler Kulturpolitik. Aus Niederbayern nahm sie ihre Liebe für Brezn mit, aus Serbien die für Baklava. In Hildesheim entdeckte sie ihre Begeisterung für schöne Campus und ihre Abneigung gegenüber Online-Semestern.

Roberta Sarada Enzmann studierte Erziehungswissenschaft und hat eine große Leidenschaft für Kinder- und Jugendliteratur, vor allem für Kinderbilderbücher – dafür, sie zu erforschen und zu gestalten. Sie möchte mit Pinsel und Stift Erzählungen einfangen und junge Leser*innen empowern. In ihrer Freizeit zeichnet sie gerne Menschen in Cafés und liest Detektivgeschichten.

Sancia Fischbein wurde 1997 in Köln geboren und wollte Autorin werden, bevor sie schreiben gelernt hat. Seit diese Hürde überwunden ist, schreibt sie Geschichten und Gedichte. 2017 begann sie ihr Studium in Hildesheim, wo sie sich neben dem Schreiben in der Musik und Kunst austoben darf.

Sancia glaubt fest daran, dass Hände ohne Tinte oder Farbkleckse unfertig aussehen.

Selene Mariani hatte schon in der Grundschule einen Traum: Autorin werden! Viele rieten ihr, sich lieber einen »vernünftigen Beruf« zu suchen. Aber Selene hielt durch, und das lohnte sich: Sie wurde mit ihren Texten am Literaturinstitut Hildesheim angenommen und für einige Preise nominiert. Wenn sie nicht gerade schreibt, macht sie Lesungen und Schreibwerkstätten.

Sophie Romy, geboren 1997 in Wien, studiert seit 2018 Kreatives Schreiben und Kulturjournalismus am Literaturinstitut Hildesheim, wo sie Mitherausgeberin der Jahresanthologie *Netzhäute* war. Seit Herbst 2019 leitet sie gemeinsam mit Ilona Martijn das *NERV – Magazin für studentisches Sein.* Interessiert sich für Schnittstellen anderer künstlerischer Ausdrucksformen, etwa der Artistik oder Musik, mit dem Geschriebenen.

Annette Pehnt, 1967 in Köln geboren, schreibt für Kinder und Erwachsene. Die Autorin und Literaturwissenschaftlerin lebt mit ihrer Familie in Freiburg. Seit 2018 leitet sie das Literaturinstitut der Universität Hildesheim. Ihren ersten Roman veröffentlichte sie 2001; seither erhielt sie zahlreiche Auszeichnungen, unter anderem den Italo-Svevo-Preis, den Solothurner Literaturpreis und den Hermann-Hesse-Literaturpreis. Im Hanser Kinderbuch erschienen die von Jutta Bauer illustrierten Bände *Der Bärbeiß* (2013) und *Der Bärbeiß – Herrlich miese Tage* (2015) sowie 2016 das Kinderbuch *Alle für Anuka*. 2017 folgte die nächste Geschichte rund um den grummeligen Bärbeiß: *Der Bärbeiß – Schrecklich gut gelaunt*. Zuletzt erschien die Waschbärengeschichte *Hieronymus oder Wie man wild wird* (2021; illustriert von Henrike Wilson).

Felicitas Horstschäfer, 1983 geboren, arbeitet seit ihrem Diplom an der Fachhochschule Münster (2009) als freischaffende Designerin im Bereich Cover, Illustration und Buchkonzept in Berlin. Neben Buchverlagen, Printmedien und Wirtschaftskunden zählen Papeterie-Hersteller im In- und Ausland zu ihren Kunden. Mit *Young Rebels – 25 Jugendliche, die die Welt verändern* illustrierte sie 2020 ihr erstes Buch für Hanser (Text: Benjamin Knödler und Christine Knödler).

*»An alle rebellischen Mädchen dieser Welt:
Träumt größer, zielt höher, kämpft entschlossener und
im Zweifelsfall merkt euch: Ihr habt recht.«*

  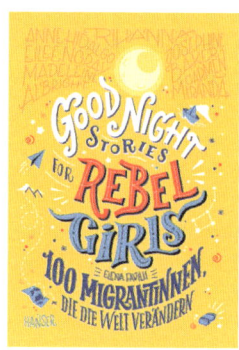 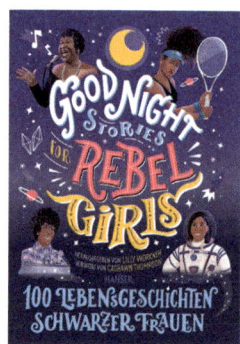

Diese Bücher erfinden die Gutenachtgeschichte neu: Sie erzählen jeweils 100 inspirierende
Geschichten über beeindruckende Frauen, die jedem Mädchen Mut machen, an seine Träume
zu glauben. Eine spannende Lektüre – nicht nur zur guten Nacht. Illustriert von zahlreichen
Künstlerinnen aus aller Welt.

»Die Rebel Girls-Bände setzen einen Trend. Kein penetranter Merke-auf-Zeigefinger.
Die Botschaft ist: Geh deinen eigenen Weg.« *Anne Goebel, Süddeutsche Zeitung*

Elena Favilli/Francesca Cavallo
Good Night Stories for Rebel Girls – 100 außergewöhnliche Frauen

Elena Favilli/Francesca Cavallo
Good Night Stories for Rebel Girls 2 – Mehr außergewöhnliche Frauen

Elena Favilli
Good Night Stories for Rebel Girls – 100 Migrantinnen, die die Welt verändern
Bände 1–3 aus dem Englischen von Birgitt Kollmann

Lilly Workneh
Good Night Stories for Rebel Girls – 100 Lebensgeschichten Schwarzer Frauen
Aus dem Englischen von Marion Kraft

Mit 100 vierfarbigen Illustrationen
224 Seiten. Gebunden
www.rebel-books.de

Wer Mut und Zivilcourage demonstrieren will, kann gar nicht früh genug damit anfangen.

Sie kämpfen für die Umwelt, Minderheiten und Gleichberechtigung, und engagieren sich gegen die Waffenlobby, Diskriminierung und Korruption: 25 Jugendliche im Kampf für eine bessere Welt. Greta Thunberg ist 16, als sie mit ihrem Schulstreik für die Umwelt weltweite Klimaproteste auslöst. Der 14-jährige Netiwit Chotiphatphaisal gründet eine Zeitung, um sich in Thailand für Demokratie, Redefreiheit und eine Bildungsreform einzusetzen. Malala Yousafzai bloggt von der Unterdrückung der Frauen in Pakistan als sie 11 ist. Und Felix Finkbeiner entwickelt in der 4. Klasse seine Idee, dass Kinder in jedem Land eine Million Bäume pflanzen sollten. Jugendliche auf der ganzen Welt zeigen soziales Engagement und bewirken wegweisende Veränderungen.

»Ein ganz wichtiges Buch, weil es zeigt, dass es sich lohnt, unbequem zu sein und sich für etwas einzusetzen. Diese Entschlossenheit inspiriert uns alle.« *Isabella Buttgereit*, ZDF – *Dein Buch*

»Eine Einladung, den eigenen Handlungsspielraum nicht zu eng abzustecken.«
Jana Volkmann, der Freitag

Benjamin Knödler/Christine Knödler
Young Rebels – 25 Jugendliche, die die Welt verändern
Illustriert von Felicitas Horstschäfer
160 Seiten. Gebunden
Auch als **℮**-Book lieferbar
Als Hörbuch bei Hörbuch Hamburg erschienen
www.rebel-books.de